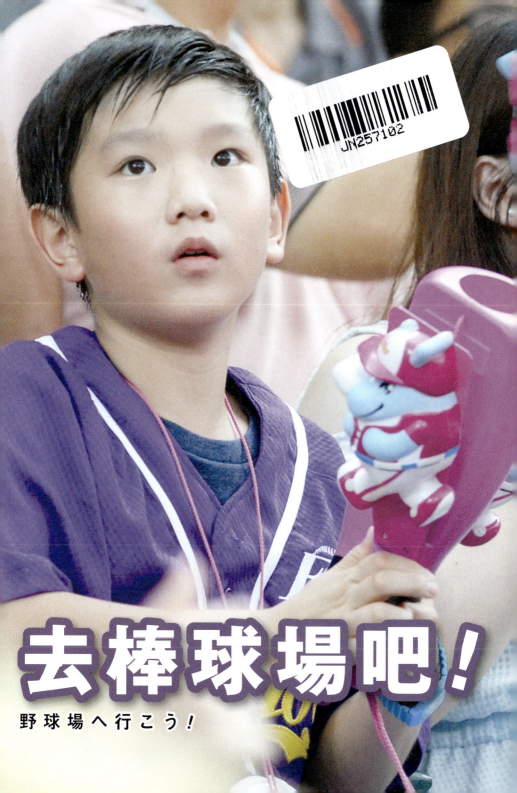

台湾プロ野球〈CPBL〉観戦ガイド
Contents

WBSC世界野球プレミア12　2015年11月開催！	004
台北地下鉄（MRT/捷運）路線図	008
郭泰源 プレミア12台湾代表監督インタビュー	009
CPBLスタープレーヤー紹介	012
台湾代表チーム（チャイニーズタイペイ）主な国際大会での戦績	019

チーム紹介　使用球場ガイド　選手名鑑

中信ブラザーズ（中信兄弟） ……021
　台中洲際棒球場 ……024
　新北市立新荘棒球場 ……027
　台北市立天母棒球場 ……030
　選手名鑑 ……033

統一7-ELEVEnライオンズ ……037
　台南市立棒球場 ……040
　選手名鑑 ……043

Lamigoモンキーズ ……047
　桃園国際棒球場 ……050
　選手名鑑 ……053

義大ライノス ……057
　高雄市澄清湖棒球場 ……060
　選手名鑑 ……063

公式戦開催球場紹介

新竹市中正棒球場 …………………………………… 067
花蓮県立徳興棒球場 …………………………………… 068
屏東県立体育棒球場 …………………………………… 069
雲林県立斗六棒球場 …………………………………… 070
嘉義市立体育棒球場 …………………………………… 071

CPBL 球団の変遷 …………………………………………… 072
気になる！台湾の応援Q&A！ …………………………… 074

小林亮寛（元千葉ロッテ、兄弟元投手）インタビュー …… 077

台湾でプレーした日本人選手一覧 ……………………… 081
NPBに在籍した台湾人選手一覧 ………………………… 082

台湾プロ野球で働く日本人　一色優（統一7-ELEVEn） …… 083

歴代記録 …………………………………………………… 085
歴代打撃成績 ……………………………………………… 086
歴代投手成績 ……………………………………………… 087
2015年CPBL実施要項 …………………………………… 088
台湾プロ野球の歴史 ……………………………………… 089
野球用語を中国語で覚えよう …………………………… 091
映画「KANO〜1931 海の向こうの甲子園〜」紹介 …… 094
読者プレゼント …………………………………………… 099

台湾基本情報 …………………………………………… 096

WBSC世界野球プレミア12

2015年11月開催!

2015年11月、野球国力1位を争う国際大会「WBSC世界野球プレミア12」*が初開催される。

大会概要

期　　間 ▶ 2015年11月8日（日）～21日（土）
開 催 地 ▶ 日本（開幕戦・札幌ドーム、準決勝以降・東京ドーム）
　　　　　　台湾（1次ラウンド・準々決勝）
試 合 数 ▶ 全38試合（9日間）
出場チーム ▶ 日本、チャイニーズ・タイペイ、アメリカ、キューバ、オランダ、ドミニカ共和国、カナダ、韓国、プエルトリコ、ベネズエラ、イタリア、メキシコ
大会実施方法 ▶ 1次ラウンド
　　　　　　　…総当たりリーグ戦
　　　　　　　（2グループ制、各6チーム）
　　　　　　　準々決勝
　　　　　　　…トーナメント方式
　　　　　　　（各グループ上位4チーム）
大会レギュレーション ▶ 球数制限なし
五輪憲章に基づいたルールとなり、参加資格は有効なパスポートの保持により決定
主　　催 ▶ WBSC

*ＷＢＳＣ（World Baseball Softball Confederation）：世界野球ソフトボール連盟

WBSCプレミア12について

4年に1度行われるこの大会は、「WBSC野球ランキング」の上位12の国と地域に出場権が与えられる。WBSC野球ランキングとはトップチームだけではなく、直近4年間のWBSC主催または公認の12U、15U、18U、21U、大学、社会人などの各大会での成績を数値化し、ランク付けしたものだ。

ポイントの算出方法は、各大会の1位に50点、2位40点、3位30点といった基礎点を与え、大会の規模やレベルに応じて0.25～6倍の係数をかけている。国際試合については、対戦相手の前年度ランクによって、勝利した際に得られるポイントが変動する。

右記が2014年11月26日時点でのWBSC野球ランキングだ。

WBSC野球ランキング

順位	国と地域	ポイント	2013年	順位	国と地域	ポイント	2013年	順位	国と地域	ポイント	2013年
1	日本	785.18	2	26	ニュージーランド	50.00	28	49	ネパール	7.50	48
2	アメリカ	766.02	1	27	フランス	46.75	32	49	パラオ	7.50	48
3	キューバ	662.98	3	28	アルゼンチン	42.91	22	53	スウェーデン	7.13	40
4	チャイニーズ・タイペイ	605.48	4	29	南アフリカ	33.00	31	54	ハンガリー	6.35	65
5	オランダ	433.50	6	30	タイ	30.50	25	55	アイルランド	6.24	60
6	ドミニカ共和国	379.18	5	31	スリランカ	30.00	30	56	ブルガリア	6.04	53
7	カナダ	353.52	7	32	ロシア	24.85	34	57	リトアニア	6.01	54
8	韓国	340.90	8	33	香港	22.14	29	58	グアテマラ	6.00	52
9	プエルトリコ	291.50	9	34	エクアドル	20.00	35	59	スイス	4.92	55
10	ベネズエラ	269.00	10	35	アフガニスタン	18.75	33	60	スロバキア	4.63	56
11	イタリア	196.18	11	36	ベルギー	18.00	37	61	ポーランド	4.58	57
12	メキシコ	136.78	12	37	キュラソー	15.00	38	62	ベラルーシ	4.15	58
13	パナマ	132.92	13	38	インドネシア	14.00	39	63	ニューカレドニア	3.75	59
14	オーストラリア	127.82	14	39	オーストリア	12.28	43	64	フィンランド	3.52	69
15	ブラジル	116.61	15	40	スロベニア	12.25	61	65	ラトビア	2.45	71
16	ニカラグア	110.77	18	41	ホンジュラス	11.18	41	66	フィジー	2.00	62
17	スペイン	105.52	17	42	ギリシャ	11.13	36	67	モンゴル	1.75	63
18	ドイツ	78.90	19	43	クロアチア	10.25	42	68	ジョージア	1.03	66
19	コロンビア	69.00	16	44	グアム	10.00	45	69	ボリビア	0.50	70
20	チェコ共和国	68.93	27	45	ウクライナ	9.69	44	70	米領サモア	0.25	72
21	中国	68.25	20	46	ペルー	9.50	47	70	マレーシア	0.25	72
22	イスラエル	55.47	26	47	ルーマニア	8.92	64	70	ノルウェー	0.25	圏外/75
23	フィリピン	52.40	23	48	アルバ	8.64	46	70	セルビア	0.25	72
24	パキスタン	51.00	21	49	チリ	7.50	48				
25	イギリス	50.56	24	49	イラン	7.50	48				

WBSCとは

2013年4月に設立され、同年9月に行われた第125回IOC総会において、国際オリンピック委員会から認定された世界唯一の野球とソフトボールの管轄団体。WBSCは世界141の加盟国から構成される代表チームが参加する全ての国際大会を統轄し、ソフトボールワールドチャンピオンシップ、プレミア12、ワールドベースボールクラシック、12U、15U、18U、21U、女子野球ベースボールワールドカップを管轄している。本部はスイス・ローザンヌ。

2020年東京オリンピックで野球ソフトボールが採用された場合

2019年11月に開催予定の第2回プレミア12が、オリンピック予選大会として指定される。

WBSC世界野球プレミア12 試合日程

1次ラウンド

グループA ▶ キューバ、チャイニーズ・タイペイ、オランダ、カナダ、プエルトリコ、イタリア

日付	試合開始	Game	ホーム	ビジター	球場
11/8（日）					
11/9（月）	18:30	2	チャイニーズ・タイペイ - オランダ		台中洲際（インターコンチネンタル）
11/10（火）	12:30	4	プエルトリコ - イタリア		台中洲際（インターコンチネンタル）
	18:30	6	キューバ - カナダ		台中洲際（インターコンチネンタル）
11/11（水）	12:30	8	オランダ - キューバ		台中洲際（インターコンチネンタル）
	18:30	11	カナダ - プエルトリコ		斗六
	18:30	12	イタリア - チャイニーズ・タイペイ		台中洲際（インターコンチネンタル）
11/12（木）	12:30	14	キューバ - プエルトリコ		台中洲際（インターコンチネンタル）
	18:30	17	イタリア - オランダ		斗六
	18:30	18	チャイニーズ・タイペイ - カナダ		台中洲際（インターコンチネンタル）
11/13（金）	予備日				
11/14（土）	12:30	20	オランダ - プエルトリコ		台中洲際（インターコンチネンタル）
	18:30	23	カナダ - イタリア		斗六
	18:30	24	チャイニーズ・タイペイ - キューバ		台中洲際（インターコンチネンタル）
11/15（日）	12:30	26	プエルトリコ - チャイニーズ・タイペイ		台中洲際（インターコンチネンタル）
	18:30	29	キューバ - イタリア		斗六
	18:30	30	オランダ - カナダ		台中洲際（インターコンチネンタル）

グループB ▶ 日本、アメリカ、ドミニカ共和国、韓国、ベネズエラ、メキシコ

日付	試合開始	Game	ホーム	ビジター	球場
11/8（日）	19:00	1	日本 - 韓国		札幌ドーム
11/9（月）	-				
11/10（火）	12:00	3	ベネズエラ - メキシコ		桃園
	18:00	5	アメリカ - ドミニカ		桃園
11/11（水）	12:00	7	アメリカ - ベネズエラ		桃園
	18:00	9	日本 - メキシコ		天母
	18:00	10	ドミニカ - 韓国		桃園
11/12（木）	12:00	13	韓国 - ベネズエラ		桃園
	18:00	15	メキシコ - アメリカ		天母
	18:00	16	ドミニカ - 日本		桃園
11/13（金）	予備日				
11/14（土）	12:00	19	ベネズエラ - ドミニカ		桃園
	18:00	21	メキシコ - 韓国		天母
	18:00	22	アメリカ - 日本		桃園
11/15（日）	12:00	25	ドミニカ - メキシコ		桃園
	18:00	27	韓国 - アメリカ		天母
	18:00	28	日本 - ベネズエラ		桃園

決勝トーナメント

準々決勝

日付	試合開始	Game	ホーム	ビジター	球場
11/16（月）	未定	31	Group A-1位 - Group B-4位		未定
11/16（月）	未定	32	Group A-2位 - Group B-3位		未定
11/16（月）	未定	33	Group B-2位 - Group A-3位		未定
11/16（月）	未定	34	Group B-1位 - Group A-4位		未定
11/17（火）	予備日				
11/18（水）	予備日				

準決勝

日付	試合開始	Game	ホーム	ビジター	球場
11/19（木）	19:00	35	Game31の勝者 - Game33の勝者		東京ドーム
11/20（金）	19:00	36	Game32の勝者 - Game34の勝者		東京ドーム

3位決定戦

日付	試合開始	Game	ホーム	ビジター	球場
11/21（土）	13:00	37	Game35の敗者 - Game36の敗者		東京ドーム

決勝戦

日付	試合開始	Game	ホーム	ビジター	球場
11/21（土）	19:00	38	Game35の勝者 - Game36の勝者		東京ドーム

世界野球プレミア12　台湾代表選手一覧（2015年9月30日発表）

位置	選手名	チーム名	生年月日	身長/体重	投打	掲載ページ
投手	陳鴻文	中信ブラザーズ（中信兄弟）	1986.2.3	180cm/97kg	右投右打	P.13、33
投手	林子崴	統一7-ELEVEnライオンズ	1995.9.17	179cm/78kg	左投左打	P.14、43
投手	潘威倫	統一7-ELEVEnライオンズ	1982.3.5	182cm/98kg	右投右打	P.13、43
投手	王鏡銘	統一7-ELEVEnライオンズ	1986.1.16	176cm/93kg	右投右打	P.44
投手	陳禹勳	Lamigoモンキーズ	1989.5.20	182cm/88kg	右投右打	P.54
投手	林柏佑	Lamigoモンキーズ	1986.9.16	183cm/91kg	右投右打	P.55
投手	倪福徳	義大ライノス	1982.11.14	182cm/90kg	左投左打	P.63
投手	羅嘉仁	義大ライノス	1986.4.7	180cm/90kg	右投右打	P.13、64
投手	陳冠宇	千葉ロッテマリーンズ	1990.10.29	179cm/75kg	左投左打	P.82
投手	郭俊麟	埼玉西武ライオンズ	1992.2.2	175cm/70kg	右投右打	P.82
投手	羅國華	ツインズ傘下	1992.10.28	180cm/89kg	右投右打	
投手	宋家豪	無所属	1992.9.6	186cm/103kg	右投右打	
投手	呂彥青	台湾体大	1996.3.10	175cm/65kg	左投左打	
捕手	高志綱	統一7-ELEVEnライオンズ	1981.2.7	178cm/75kg	右投右打	P.45
捕手	林泓育	Lamigoモンキーズ	1986.3.21	181cm/103kg	右投右打	P.16、55、84
捕手	張進德	パイレーツ傘下	1993.5.17	180cm/100kg	右投右打	
内野手	蔣智賢	中信ブラザーズ（中信兄弟）	1988.2.21	183cm/95kg	右投左打	P.17、35
内野手	陳鏞基	統一7-ELEVEnライオンズ	1983.7.13	179cm/83kg	右投左打	P.18、45
内野手	林志祥	統一7-ELEVEnライオンズ	1987.3.8	173cm/74kg	右投右打	P.46
内野手	郭嚴文	Lamigoモンキーズ	1988.10.25	179cm/86kg	右投左打	P.17、55
内野手	陳俊秀	Lamigoモンキーズ	1988.11.1	183cm/97kg	右投右打	P.17、55
内野手	林智勝	Lamigoモンキーズ	1982.1.1	183cm/100kg	右投右打	P.14、56
内野手	林益全	義大ライノス	1985.11.11	180cm/83kg	右投右打	P.16、65、79
外野手	張志豪	中信ブラザーズ（中信兄弟）	1987.5.15	180cm/81kg	右投左打	P.36
外野手	王柏融	Lamigoモンキーズ	1993.9.9	181cm/90kg	右投左打	P.56
外野手	高國輝	義大ライノス	1985.9.26	189cm/95kg	右投右打	P.17、66
外野手	張建銘	義大ライノス	1980.7.27	176cm/75kg	左投左打	P.18、66
外野手	陽岱鋼	北海道日本ハムファイターズ	1987.1.17	183cm/87kg	右投右打	P.82

郭泰源

INTERVIEW

世界野球プレミア12で台湾代表を率いるのは、
日本でもお馴染みのこの人だ。
その経歴を振り返ると、「オリエンタル・エクスプレス」という
異名を引っ提げ、1985年に西武に入団。
150キロ台の速球と高速スライダーを武器に、
1年目からノーヒットノーランを達成するなど期待通りの活躍を見せた。
1991年にはMVPを獲得し、西武黄金時代をけん引。
通算117勝はNPBの歴代外国人投手の最高記録となっている。
引退後は誠泰コブラズで監督、福岡ソフトバンクホークスで投手コーチを務め、
2015年からは統一7-ELEVEnライオンズでヘッド兼投手コーチを務めている。
台湾が誇る英雄、郭泰源代表監督に、
現在の台湾球界について聞いた。

──代表チームの監督を務めるのは2007年の北京五輪予選を兼ねた、アジア選手権以来になりますが、8年前と今では台湾の野球全体での変化はありますか。

郭　そんなに大きな変化はないですが、打つ方は成長していると思います。特にパワーはアップしていますね。技術に関しても多少は上がっています。ピッチャーはというと、あまり若くて優秀な選手というのは出てきていないですね。心配なところです。

──若いピッチャーに対して、物足りない点があるとしたらどのようなところですか。

郭　ボールのスピードは速いのですが、コントロールが良くありません。その辺りを考えた練習もあまりしていませんし、力で勝負しているようなところがあります。そしてクイックとか牽制のような細かいことができないですね。

──クイックや牽制に関して、郭監督から見て、「このようにすれば良いのに」という歯がゆさがありますか。

郭　こちらから見たら修正点がはっきりしているので、選手には伝えるのですが、なかなか直りません。そのことだけに時間を避ければいいですが、そうもいきません。

──日本と比べて、台湾のバッテリーの配球の特徴というのはありますか。

郭　変化球が少ないですね。それと勝負球と遊び球がはっきりしていません。それには理由があって、先程も言いましたが、ピッチャーにコントロールがないので、遊ぶ余裕がないというのがあります。

──そうすると代表選手を選ぶ際も、ピッチャーについては悩まれるところですか。

郭　そうですね、一番苦労するのは投手選びですね。

──そうすると、海外でプレーする選手への期待が大きくなりますね。

郭　海外組が入ってくれないと困ります。若いピッチャーが多いですが、実際に見たことがない選手もいます。聞いている評価通りだといいですね。

──昨年（2014年）まで福岡ソフトバンクで投手コーチをされていましたが、戦い方の面で、日本とはどのようなところが異なりますか。

郭　台湾は「力で打つ」、「力で守る」ところがあって作戦面が弱いです。野球のスタイルがアメリカ寄りでもないし日本寄りでもなく中途半端になっていると思います。

──郭監督ご自身はアメリカ、日本、どちら寄りが台湾の野球に合っていると思いますか。

郭　我々が現役だった頃は日本式が主流でしたが、最近はメジャーリーグでプレーする選手もいます。

郭泰源
INTERVIEW

アメリカから持ち帰った技術や経験を生かして、いいものを取り入れていくのはいいことです。ただどちらも中途半端なところが良くないですね。

——プロリーグに関してですが、現在4球団で運営されています。そのことに関して面白さや難しさはありますか。

郭 選手にとっては同じチームと何度も対戦するので、相手の長所や欠点がほとんど分かっています。それをやりやすいと思う選手もいるかもしれません。一番困っているのはファンの皆さんではないでしょうか。いつも同じ相手との試合につまらないと思う人もいるでしょう。この問題は現場の我々では解決できないので、何とも言えないですが。

——最後に世界野球プレミア12に向けて意気込みをお聞かせください。

郭 プレッシャーのかかる試合ですが、いい選手たちを選んで楽しくやるしかないと思っています。結果は後からついてくるものなので、とにかく楽しんでやりたいです。

※郭泰源代表監督の直筆サインを抽選で1名にプレゼント！詳しくはP.99をご覧ください。

郭泰源　現役成績

年度	チーム名	防御率	登板	勝利	敗戦	セーブ	投球回	安打	本塁打	四球	三振	失点	自責点
1985	西武	2.52	15	9	5	0	117.2	89	14	48	75	44	33
1986	西武	2.91	39	5	7	16	108.1	93	10	38	105	39	35
1987	西武	3.02	22	11	4	0	158	136	12	40	81	56	53
1988	西武	2.41	19	13	3	1	149.1	113	10	23	76	50	40
1989	西武	3.27	26	10	10	0	198.1	172	15	49	117	78	72
1990	西武	3.54	18	9	4	0	119.1	113	14	44	84	53	47
1991	西武	2.59	24	15	6	1	184.1	162	17	30	108	54	53
1992	西武	2.41	23	14	4	0	168	128	17	44	108	54	45
1993	西武	3.51	22	8	8	0	133.1	121	15	26	88	56	52
1994	西武	4.98	27	13	5	0	130	137	23	52	86	75	72
1995	西武	2.54	22	8	6	0	163	131	11	34	115	48	46
1996	西武	7.39	14	0	6	0	52.1	72	9	22	26	48	43
1997	西武		1	0	0	0	0.1	0				0	0
通算		3.16	272	117	68	18	1682.1	1467	167	450	1069	655	591

MVP：1991年　ベストナイン：1991年　ゴールデングラブ賞：1991、1992年

中華職業棒球大聯盟
THE CHINESE PROFESSIONAL BASEBALL LEAGUE

スタープレーヤー紹介

※成績は2015年9月23日時点

P 12

投手　中信兄弟

陳鴻文
ちん・こうぶん　チェン・ホンウェン

1986.2.3　180cm　97kg　右投右打

07〜11年まで米・マイナーでプレー。13年のWBC第2ラウンド日本戦で井端（巨人）を勝利まであと一球に追い込みながら同点打を浴びるも、プロ入り後1年目は先発、2年目途中から抑えに転向し安定感ある活躍を見せた。140km台後半を常時マークするストレートとスライダー、フォークで打者を料理する。ピンチにも動じない肝っ玉の強さも持ち味だ。

	防御率	登板数	勝利	敗戦	セーブ	投球回	三振
2015	2.74	45	6	2	21	49.1	48
通算	2.80	98	19	15	24	280	220

P 12

投手　義大

羅嘉仁
ら・かじん　ルオ・ジャーレン

1986.4.7　180cm　90kg　右投右打

13年にメジャーで19試合に登板した経験を持つ、CPBLでの台湾人投手最速となる157キロをマークした火の玉ストレートが持ち味の義大の守護神。昨年は12試合で防御率0.00と抜群の安定感も、今年は制球難に苦しみ、打ちこまれるケースが増え二軍落ちも経験した。大きく曲がるカーブ以外にもカッターを覚え投球の幅が広がるか注目だ。

	防御率	登板数	勝利	敗戦	セーブ	投球回	三振
2015	5.40	47	2	5	10	41.2	39
通算	3.92	59	3	5	15	57.1	58

P 12

投手　統一7-ELEVEn

潘威倫
はん・いりん　パン・ウェイルン

1982.3.5　182cm　98kg　右投右打

入団から8年連続二けた勝利、CPBLでの通算勝利記録を持つ統一の大黒柱だ。近年は肘や肩などの怪我に悩まされ今一つの成績も、四隅を丁寧に突く制球力とテンポの良さは健在。ツーシーム、カットボール、スライダー、チェンジアップと球種も多彩で13年WBC第1ラウンドオランダ戦では4回2/3を無失点に抑え第2ラウンド進出に貢献した。

	防御率	登板数	勝利	敗戦	セーブ	投球回	三振
2015	4.95	21	6	8	0	132.2	54
通算	3.05	273	123	75	0	1646.1	967

P 12

投手　Lamigo

王溢正
おう・いつせい　ワン・イージェン

1985.10.9　190cm　84kg　左投左打

柔らかい腕の振りから投じるストレートとスライダー、チェンジアップを組み合わせ打者を打ち取る貴重な先発左腕は昨年7勝を挙げリーグ優勝に貢献すると、今年は自身初のニけた勝利。安定感ある投球を見せ、長いイニングを投げられるようにするためにも制球力を改善したい。NPBでの登録名は「ワン・イイゼン」。

	防御率	登板数	勝利	敗戦	セーブ	投球回	三振
2015	5.96	21	11	6	0	119.1	87
通算	4.52	48	21	10	0	276.2	196

投手 中信兄弟
鄭凱文 てい・がいぶん / ジェン・カイウェン

1988.7.26　176cm　80kg　右投右打

1年目の昨年は最多勝と防御率の二冠、中信兄弟のエースとして欠かせない存在に。サイド気味のフォームからノビのあるストレートや得意の鋭く曲がるスライダー、そして今季から遅いカーブも投げ始め投球の幅が広がった。今年も2年連続二けた勝利を挙げたが8月に右肘の骨棘除去手術を受け復帰は来年に。NPBでの登録名は「ゼン・カイウン」。

	防御率	登板数	勝利	敗戦	セーブ	投球回	三振
2015	3.50	16	10	4	0	103	77
通算	2.89	38	21	7	0	255.2	185

投手 Lamigo
許銘傑 きょ・めいけつ / シュ・ミンジェ

1976.12.1　182cm　95kg　右投右打

日本で14年間プレーした大ベテランは昨年と今年共に先発とリリーフを行き来する難しいポジションを任された。球威に欠けるため空振りが奪いづらく、球数が多くなる傾向にあり長いイニングは投げられないが、先発での登板時は制球と多彩な球種を生かしたピッチングでしっかりと試合を作る。NPBでの登録名は「ミンチェ」。

	防御率	登板数	勝利	敗戦	セーブ	投球回	三振
2015	4.31	17	4	4	0	77.1	39
通算	4.05	45	11	7	0	184.1	100

投手 統一7-ELEVEn
林子崴 りん・しわい / リン・ズーウェイ

1995.9.17　179cm　78kg　左投左打

チーム最高額となる契約金530万元で今年入団したドラ1右腕はリリーフ時に常時140キロ超をマークする速球と制球よく決まるスライダーとカーブを持ち、最近は2種類のチェンジアップも覚え、牽制の上手さにも定評がある。入団後すぐにリリーフ、先発に重用され実力を証明しているが高校時代に腰と肘を故障しておりコンディションには気をつけたい。

	防御率	登板数	勝利	敗戦	セーブ	投球回	三振
2015	2.89	10	1	1	0	18.2	20
通算	2.89	10	1	1	0	18.2	20

外野手 中信兄弟
林威助 りん・いじょ / リン・ウェイジュ

1979.1.22　179cm　82kg　左投左打

CPBL1年目の昨年は走塁中に左膝の半月板を損傷するなど故障に苦しみ、DHや代打での出場が多く守備に就くことはなかった。しかし今年はキャプテンに就任し左翼としてスタメン出場の機会も。外野手の層が厚いゆえベンチスタートの試合も多いが代打でも入念な準備と集中力で結果を残す頼れるベテランだ。NPBでの登録名は「リン・ウェイツゥ」。

	打率	試合	打点	安打	本塁打	盗塁	長打率
2015	.306	85	45	79	4	0	.419
通算	.274	127	56	98	6	0	.366

内野手 Lamigo
林智勝 りん・ちしょう / リン・ジーシェン

1982.1.1　183cm　100kg　右投右打

09年に台湾人選手シーズン最多となる31本塁打をマークし、3度の本塁打王を手にした球界屈指の長距離砲。昨秋は千葉ロッテの鴨川キャンプに参加した。ベテランの域に差し掛かるも持ち前の長打力とアグレッシブさは健在で、今年は史上最速で通算200本塁打を達成。今オフにラミゴとの5年契約が終了しFAとなるため動向が注目されている。

	打率	試合	打点	安打	本塁打	盗塁	長打率
2015	.385	97	106	138	28	26	.709
通算	.318	1065	837	1273	204	142	.541

外野手　Lamigo
陳金鋒　ちん・きんぽう　チェン・ジンフォン
1977.10.28　183cm　90kg　右投右打

04年アテネ五輪1次リーグで上原浩治（現・レッドソックス）から、07年北京五輪アジア予選ではダルビッシュ有（現・レンジャーズ）から本塁打を放つなど、日本戦での活躍が目立った台湾人初のメジャーリーガー。しかし、ここ数年は不振と故障に苦しみ、代打での出場が主で二軍で一軍昇格を持つこともも増えている。だが打席での歓声は圧倒的で、人気は相変わらずのレジェンドだ。

	打率	試合	打点	安打	本塁打	盗塁	長打率
2015	.243	34	7	9	0	0	.297
通算	.306	678	445	685	119	61	.519

内野手　統一7-ELEVEn
張泰山　ちょう・たいさん　ジャン・タイシャン
1976.10.31　175cm　95kg　右投右打

CPBL通算最多安打記録を始め、数々の歴代1位記録を持つプロ20年目の大ベテラン。しかし、ここ2年は長打力の衰えやチーム事情もあり出場機会が激減し、DHか代打での出場となっている。バットでのアピールが求められる中、史上初となる300本塁打達成まで残り15本を切った。限られたチャンスで結果を残したい。

	打率	試合	打点	安打	本塁打	盗塁	長打率
2015	.288	45	20	45	3	0	.378
通算	.307	1861	1338	2134	289	158	.493

外野手　統一7-ELEVEn
潘武雄　はん・ぶゆう　パン・ウーション
1981.3.11　178cm　82kg　左投左打

「タケ」が愛称の左の好打者は、どんなボールにも対応する広角打法と優れた選球眼を持ち、左打者で唯一、首位打者のタイトルを2度獲得している。全力プレーを欠かさないため、常に故障がつきまとい、これまでシーズン100試合以上の出場がなく、今年も右太ももの肉離れで約2ヶ月の離脱があった。しかし、自身初のサヨナラ本塁打を放つなど意気盛んだ。

	打率	試合	打点	安打	本塁打	盗塁	長打率
2015	.300	56	31	60	12	8	.540
通算	.325	708	402	784	66	62	.494

内野手　中信兄弟
彭政閔　ほう・せいびん　ポン・ジェンミン
1978.8.6　183cm　101kg　右投右打

01年に入団して以来、毎年打率3割をマークする不動の4番。力みのない柔軟なバッティングでクールにヒットを量産している。09年と13年のWBCではキャプテンを務め精神的支柱としてチームを支えたが、ベテランの域に差し掛かっていることもあり今年のプレミア12のエントリーには入らず、このまま代表引退か。

	打率	試合	打点	安打	本塁打	盗塁	長打率
2015	.319	93	51	115	3	3	.389
通算	.340	1399	892	1631	173	215	.507

外野手　中信兄弟
周思齊
しゅう・しせい
ジョウ・スーチー

1981.10.26　178cm　90kg　左投左打

12年に外野手として初のシーズンMVPに輝き、13年のオフに5年総額3,240万元の大型契約を結んだ好打者だ。今年は7年ぶりの二けた盗塁に加え、プロ入り初の一塁守備に就く場面もあった。13年のWBC第2ラウンド日本戦では田中将大（現・ヤンキース）から一時勝ち越しとなるタイムリーを放った。頼れるナイスガイは野球奨学金の設立や慈善活動にも積極的だ。

	打率	試合	打点	安打	本塁打	盗塁	長打率
2015	.366	96	70	133	13	11	.543
通算	.316	1001	533	1108	74	64	.458

捕手　Lamigo
林泓育
りん・おういく
リン・ホンユー

1986.3.21　181cm　103kg　右投右打

主に4番に座る強打の捕手。昨年はほとんどがDHでの出場も、今年はプレミア12代表監督の郭泰源から「主力捕手として起用するかもしれないので守備を見たい」との要請があり、7月下旬から8月中旬までは捕手としての出場が多かった。肩は強くないが配球への評価は高く、WBC第1ラウンド・オランダ戦、第2ラウンド・日本戦では捕手として先発出場した。

	打率	試合	打点	安打	本塁打	盗塁	長打率
2015	.352	106	94	136	22	3	.585
通算	.323	605	450	720	86	7	.504

内野手　義大
林益全
りん・えきぜん
リン・イーチュエン

1985.11.11　180cm　83kg　右投左打

卓越した打撃技術を持つ義大の4番。昨年は打点王、ゴールデングラブ、ベストナイン、そしてCPBL史上初の3度目のシーズンMVP獲得と大活躍。今年もアジア最速となる744試合で通算1000安打を達成した。あとは2度のWBCで12打数1安打と目立った実績を残していない国際大会での活躍と、一塁守備の安定感を高めると言うことなしだ。

	打率	試合	打点	安打	本塁打	盗塁	長打率
2015	.372	102	108	148	21	1	.595
通算	.349	775	590	1045	100	2	.528

内野手　統一7-ELEVEn
高國慶
こう・こくけい
ガオ・グォチン

1978.10.6　181cm　93kg　右投右打

統一の黄金期を中軸として支えたベテランは昨年自己最低の2本塁打に終わるも今年は復調。4月下旬からは4番として出場を続けまだまだ元気なところを見せており、若手長距離砲の鄧志偉と同じ一塁手というポジションが重なるが簡単にポジションは譲らない。低めのボールをすくい上げるように打ちスタンドインさせる技術は彼ならではの芸当だ。

	打率	試合	打点	安打	本塁打	盗塁	長打率
2015	.328	90	57	113	5	0	.429
通算	.304	1195	670	1355	103	28	.437

	外野手 義大	
P12	高國輝	こう・こくき ガオ・グォフイ

1985.9.26　189cm　95kg　右投右打

06〜12年に在籍した米・マイナーでは09年2Aでの14本塁打が最多も、台湾では屈指の長距離砲だ。昨年は脊髄すべり症の手術の影響で出遅れ、後期からの出場だったが、52試合で18本塁打を放ち本塁打王のタイトルを獲得した。今年も開幕から打ちまくり強力打線の核になっている。美しいスイングから放たれるアーチは打った瞬間にそれと分かる当たりが多い。

	打率	試合	打点	安打	本塁打	盗塁	長打率
2015	.320	105	96	135	33	7	.621
通算	.329	259	218	318	65	18	.610

	内野手 中信兄弟	
P12	蔣智賢	しょう・ちけん ジャン・ジーシェン

1988.2.21　183cm　95kg　右投左打

06〜14年まで米・マイナーでプレーし、2Aでニけた本塁打を3度記録。パワフルな打撃が武器だ。今年は四国IL・高知でも32試合 .347 7本 19打点と主軸として活躍し、中信兄弟にドラフト1位で入団した。内外野ともに守備力の低さが課題とされるも、中信兄弟入り後は三塁で好守備を見せる場面も。あとは新たな環境に慣れ本領発揮したい。

	打率	試合	打点	安打	本塁打	盗塁	長打率
2015	.305	28	24	32	3	0	.438
通算	.305	28	24	32	3	0	.438

	内野手 Lamigo	
P12	郭嚴文	かく・げんぶん グォ・イェンウェン

1988.10.25　179cm　86kg　右投左打

08〜10年までレッズのマイナーでプレーした。広い守備範囲と積極的なバッティングが魅力のLamigoのレギュラー二塁手。小技が上手いタイプではないが長打を意識したフルスイングを見せる。今年は右肘に骨棘ができ痛みを抱えながらのプレーも、高橋慶彦（元広島など）に並ぶアジアタイ記録となる33試合連続安打を達成した。

	打率	試合	打点	安打	本塁打	盗塁	長打率
2015	.298	100	69	116	8	14	.416
通算	.295	502	277	538	39	23	.422

	内野手 Lamigo	
P12	陳俊秀	ちん・しゅんしゅう チェン・ジュンショウ

1988.11.1　183cm　97kg　右投右打

08年〜13年までインディアンスマイナーでプレー。11年に2Aで16本塁打を放つなど強打の捕手として注目されるも12年から一塁に転向。昨年は米独立、台湾のポップコーンリーグを経てラミゴにドラフト1位で入団。環境の変化が激しいこともあってか1年目は26試合で2本塁打に終わるも今年は主軸として活躍し主に5、6番を打つ。

	打率	試合	打点	安打	本塁打	盗塁	長打率
2015	.332	100	104	123	20	8	.569
通算	.316	126	112	144	22	9	.533

	外野手 義大	
P12	林哲瑄	りん・てつせん リン・ジェーシュエン

1988.9.21　180cm　90kg　右投右打

広い守備範囲と走力は台湾トップクラスの外野手。センターライン強化を目指した義大が今年のドラフトで全体1位指名。07〜13年まで在籍したマイナーでは毎年2桁盗塁をマークし、12年にはメジャーで9試合に出場。今年所属した独立リーグ・高知でも不振に終わった課題の打撃を克服すれば核弾頭として新たなチームの顔になれる。

	打率	試合	打点	安打	本塁打	盗塁	長打率
2015	.244	20	8	19	1	1	.372
通算	.244	20	8	19	1	1	.372

外野手　義大
胡金龍　こ・きんりゅう　フー・ジンロン
1984.2.2　180cm　86kg　右投右打

昨年首位打者と最多安打のタイトルを獲得した安打製造機は、今年も絶好調でCPBL史上10人目となるサイクルヒットも達成。13年に義大入団後は当初遊撃で起用されるも右肩の古傷もありすぐに左翼にコンバートされた。チームのキャプテンと合わせて今年から選手会の理事長にも就任し、チームもプロ野球全体も引っ張る顔となる。

	打率	試合	打点	安打	本塁打	盗塁	長打率
2015	.383	95	61	152	13	13	.547
通算	.358	309	154	449	23	37	.488

外野手　義大
張建銘　ちょう・けんめい　ジャン・ジェンミン
1980.7.27　176cm　75kg　左投左打

09年に18捕殺をマークした強肩と巧打が武器の右翼手は、ベテランの域に入っても衰えを見せず、今年は自己最多の本塁打数をマークしている。前身の興農在籍時から積極的な打撃で1番として活躍していたが、今年は2、6番に入ることが多い。昨年のオフ、史上4人目となるFA権行使も、CPBL全体で外野手が余剰気味なこともあり1年契約で残留した。

	打率	試合	打点	安打	本塁打	盗塁	長打率
2015	.326	99	62	129	8	1	.444
通算	.302	1049	469	1238	33	56	.388

内野手　中信兄弟
許基宏　きょ・きこう　シュ・ジーホン
1992.7.22　187cm　103kg　右投左打

まさにパワーヒッターという体格から見せる豪快なスイングが持ち味の若き大砲は、1年目の昨季、21試合で4本塁打といきなり打棒を発揮。今年の開幕直後は守って間もない三塁守備で苦労したが、蒋智賢が入団した後期からDHに回り、彭政閔の後の5番を打つ機会が増えた。6月11日の義大戦では本塁打を放つもホームを踏み忘れアウトとなる珍プレーも。

	打率	試合	打点	安打	本塁打	盗塁	長打率
2015	.325	78	47	74	10	2	.531
通算	.317	99	61	92	14	2	.538

内野手　統一7-ELEVEn
陳鏞基　ちん・ようき　チェン・ヨンジー
1983.7.13　179cm　83kg　右投右打

04〜10年まで米・マイナーでプレーした、統一が誇る打てる遊撃手。11年に入団後、安定した活躍を見せるも、昨季4年目でようやく自身初の遊撃でのベストナインを獲得した。近年は膝の状態を考慮し、負担の少ない三塁へのコンバートの可能性もあったが、期待された若手野手の病気離脱などもあり、主にショートで出場している。今年は初の二けた本塁打を達成した。

	打率	試合	打点	安打	本塁打	盗塁	長打率
2015	.283	93	45	88	11	15	.476
通算	.299	467	252	511	41	58	.442

外野手　統一7-ELEVEn
劉芙豪　りゅう・ふごう　リョウ・フーハオ
1978.11.14　180cm　77kg　右投右打

1、2番といった上位を打つことが多いが、常にフルスイングで長打を狙う打撃が持ち味のベテラン。今年は走塁中に太ももの靭帯を傷め、約2ヶ月の離脱があったが、昨年の11本を超えるホームランを放つなど衰えは見られない。右翼の守備においても強肩から放たれるレーザービームと、走力を生かした広い守備範囲が健在の、走攻守揃った外野手だ。

	打率	試合	打点	安打	本塁打	盗塁	長打率
2015	.276	58	51	61	15	3	.520
通算	.276	1112	506	1002	97	122	.418

台湾代表チーム（チャイニーズタイペイ）主な国際大会での戦績

2006年　ワールドベースボールクラシック

第1ラウンドA組（第1日・第1試合）
3月3日（金）東京ドーム　開始11:33　入場者5,193人
（1勝0敗）

韓　国	0	0	0	1	1	0	0	0	0	- 2
チャイニーズタイペイ	0	0	0	0	0	0	0	0	0	- 0

（0勝1敗）

【韓】○ソ・ジェウン、キム・ビョンヒョン、ク・デソン、
　　　（S）パク・チャンホ ― ホン・ソンフン、
　　　チン・ガプヨン
【チ】●林恩宇、林英傑、朱尉銘、耿伯軒 ― 葉君璋

第1ラウンドA組（第2日・第2試合）
3月4日（土）東京ドーム　開始18:04　入場者31,047人
（2勝0敗）

日　本	3	1	1	0	6	1	2		- 14
チャイニーズタイペイ	0	1	0	0	0	2	0		- 3

（0勝2敗）
（7回コールド）

【日】○松坂、薮田、小林宏、藤川 ― 里崎、相川
【チ】●許竹見、陽耀勲、蔡英峰、許文雄、増菘瑋、
　　　黄俊中、郭泓志、陽建福 ― 葉君璋、陳峰民
本塁打【日】多村2号（1回3ラン 許竹見）

第1ラウンドA組（第3日・第1試合）
3月5日（日）東京ドーム　開始11:10　入場者4,577人
（1勝2敗）

チャイニーズタイペイ	0	0	1	4	0	2	0	4	1	- 12
中　国	0	0	0	0	0	2	0	0	1	- 3

（0勝3敗）

【チ】○潘威倫、姜建銘、朱尉銘、耿伯軒、郭泓志
　　　― 陳峰民
【中】●王楠、徐錚、卜涛、趙全勝、張俊 ― 王偉、
　　　張振旺
本塁打【チ】陳鏞基1号（4回満塁 徐錚）

2008年　北京オリンピック

予選リーグ（第1日）
8月13日（水）五棵松棒球場第二　開始10:30　入場者1,510人
（0勝1敗）

オランダ	0	0	0	0	0	0	0	0	0	- 0
チャイニーズタイペイ	0	1	0	3	0	1	0	0	X	- 5

（1勝0敗）

【オ】●Bergman、Cordemans、Draijer ― de Jong
【チ】○陳偉殷、鄭凱文 ― 葉君璋

予選リーグ（第2日）
8月14日（木）五棵松棒球場　開始20:00　入場者7,690人
（1勝1敗）

日　本	0	0	0	1	1	0	0	4	0	- 6
チャイニーズタイペイ	0	0	1	0	0	0	0	0	0	- 1

（1勝1敗）

【日】○涌井、岩瀬、藤川、上原 ― 阿部
【チ】○許文雄、●倪福徳、張誌家、曹錦輝、鄭凱文
　　　― 陳峰民、葉君璋、高志綱
本塁打【日】阿部1号（5回ソロ 許文雄）

予選リーグ（第3日）
8月15日（金）五棵松棒球場第二　開始10:30　入場者1,600人
（1勝2敗）

チャイニーズタイペイ	0	0	0	1	1	0	0	1	0	0	4	- 7
中　国	0	0	0	0	0	3	0	0	0	5	X	- 8

（1勝3敗）
（延長12回）※11回からタイブレーク制

【チ】○潘威倫、倪福徳、羅嘉仁、●陽建福 ― 高志綱、
　　　葉君璋、陳峰民
【中】○王楠、孫国強、陳坤、○呂建剛 ― 王偉
本塁打【チ】羅國輝1号（5回ソロ 王楠）

予選リーグ（第4日）
8月16日（土）五棵松棒球場　開始11:30　入場者6,584人
（1勝3敗）

チャイニーズタイペイ	0	0	0	0	0	0	0	0	0	- 0
キューバ	0	0	0	0	0	1	0	X		- 1

（4勝0敗）

【チ】●李振昌、張誌家 ― 葉君璋
【キ】○El.Sanchez、（S）Gonzalez ― Pestano
本塁打【キ】Cepeda1号（7回ソロ 李振昌）

予選リーグ（第6日）
8月18日（月）五棵松棒球場　開始11:30　入場者7,000人
（5勝0敗）

韓　国	7	1	0	0	0	0	1	0	0	- 9
チャイニーズタイペイ	0	2	0	0	4	2	0	0	0	- 8

（1勝4敗）

【韓】ポン・ジュングン、○ハン・ギジュ、
　　　クォン・ヒョク、（S）ユン・ソクミン ― カン・ミンホ
【チ】陽建福、●倪福徳、張誌家、曹錦輝 ― 葉君璋
本塁打【韓】コ・ヨンミン1号（1回3ラン 陽建福）

予選リーグ（第7日）
8月19日（火）五棵松棒球場　開始19:00　入場者7,662人
（1勝5敗）

チャイニーズタイペイ	0	0	0	1	0	1	0	0	0	- 2
米　国	0	0	0	0	1	2	0	1	X	- 4

（4勝2敗）

【チ】●許文雄、李振昌、曹錦輝 ― 陳峰民
【米】○Knight、Koplove、（S）Jepsen ― Marson
本塁打　【チ】林智勝1号（7回ソロ Knight）
　　　　【米】Gall1号（6回ソロ 許文雄）

台湾代表チーム（チャイニーズタイペイ）主な国際大会での戦績

予選リーグ（第8日）
8月20日（水）五棵松棒球場第二　開始18:00　入場者1,530人
（2勝5敗）

チャイニーズタイペイ	1	4	0	0	0	0	0	0	0	1	-	6
カナダ	2	1	0	1	0	0	1	0	0	0	-	5

（延長12回）　※11回からタイブレーク制

【チ】陳偉殷、潘威倫、●倪福徳、(S)張誌家 － 葉君璋
【カ】Johnson、Swindle、Burton、Davidson、Green、●Reitsma － Corrente、Frostad

本塁打　【チ】林智勝2号（2回ソロ Johnson）、
　　　　　　　林哲瑄1号（2回2ラン Johnson）
　　　　【カ】Clapp 1号（7回ソロ 潘威倫）

2009年　ワールドベースボールクラシック

第1ラウンドA組（Game 2）
3月6日（金）東京ドーム　開始18:40　入場者12,704人
（0勝1敗）

チャイニーズタイペイ	0	0	0	0	0	0	0	0	-	0
韓国	6	0	0	0	1	2	0	0	X	- 9

（1勝0敗）

【チ】●李振昌、鄭凱文、廖于誠、林柏佑 － 高志綱
【韓】○リュ・ヒョンジン、ボン・ジュングン、イ・スンホ、イム・テフン　パク・キョンワン、カン・ミンホ

本塁打　【韓】イ・ジンウン1号（1回満塁 李振昌）、
　　　　　　　チョン・グンウ1号（6回2ラン 林柏佑）

第1ラウンドA組（Game 3）
3月7日（土）東京ドーム　開始12:39　入場者12,890人
（0勝2敗）

チャイニーズタイペイ	0	0	0	0	0	1	0	0	-	1
中国	1	0	0	0	2	0	0	1	X	- 4

（1勝1敗）

【チ】●林岳平、増菘瑋、倪福徳 － 高志綱
【中】○呂建剛、卜涛、孫国強、陳俊毅、(S)陳坤 － 張振旺

本塁打　【中】R.チャン1号（8回ソロ 倪福徳）

2013年　ワールドベースボールクラシック

第1ラウンドB組（Game 1）
3月2日（土）台中洲際棒球場　開始12:30　入場者20,035人
（0勝1敗）

オーストラリア	0	0	0	0	0	1	0	0	-	1
チャイニーズタイペイ	1	0	2	0	1	0	0	X	-	4

（1勝0敗）

【豪】●Oxspring、Ruzic、Saupold、Bright、Wise、Rowland-Smith、Russell － M.Kennelly
【チ】○王建民、陽耀勲、郭泓志、(S)陳鴻文 － 高志綱

本塁打　【豪】Welch 1号（7回ソロ 陽耀勲）
　　　　【チ】彭政閔1号（5回ソロ Saupold）

第1ラウンドB組（Game 3）
3月3日（日）台中洲際棒球場　開始14:30　入場者20,035人
（1勝1敗）

									H	E
オランダ	0	3	0	0	0	0	0	-	3		
チャイニーズタイペイ	0	1	0	4	0	3	0	0	X	- 8	

（2勝0敗）

【蘭】●Stuifbergen、Martis、Isenia － Ricardo
【チ】王躍霖、●潘威倫、曽仁和、王鏡銘、郭泓志、陳鴻文 － 林泓育

本塁打　【チ】陽岱鋼1号（6回2ラン Martis）

第1ラウンドB組（Game 6）
3月5日（火）台中洲際棒球場　開始19:30　入場者23,431人
（2勝1敗）

									H	E
チャイニーズタイペイ	0	0	1	1	0	0	0	0	-	2	
韓国	0	0	0	0	0	0	3	X	-	3	

（2勝1敗）

【チ】陽耀勲、王鏡銘、羅錦龍、●郭泓志 － 高志綱
【韓】チャン・ウォンジュン、ノ・ギョンウン、パク・ヒス、ソン・スンラク、○チャン・ウォンサム、(S)オ・スンファン － カン・ミンホ、チン・ガプヨン

本塁打　【韓】カン・ジョンホ1号（8回2ラン 郭泓志）

第2ラウンド1組（Game 2）
3月8日（金）東京ドーム　開始19:08　入場者43,527人
（1勝0敗）

日本	0	0	0	0	0	2	1	1	-	4
チャイニーズタイペイ	0	0	1	0	1	0	1	0	-	3

（0勝1敗）

延長10回

【日】能見、攝津、田中、山口、澤村、○牧田、(S)杉内 － 阿部、相川、炭谷
【チ】王建民、潘威倫、郭泓志、王鏡銘、●陳鴻文、林羿豪、陽耀勲 － 林泓育、高志綱

第2ラウンド1組（Game 3）
3月9日（土）東京ドーム　開始19:00　入場者12,884人
（0勝2敗）

チャイニーズタイペイ	0	0	0	0	0	-	0	
キューバ	2	0	0	4	0	8	X	- 14

7回コールド

【チ】●羅錦龍、陽耀勲、林煜清、王溢正、曽仁和 － 高志綱
【キ】○Betancourt、N.Gonzalez、Iglesias － Morejon、Sanchez

本塁打　【キ】Cepeda 1号（1回2ラン 羅錦龍）、
　　　　　　　Tomas 2号（4回3ラン 陽耀勲）、
　　　　　　　Abreu 2号（6回2ラン 王溢正）、
　　　　　　　A.Despaigne 3号（6回ソロ 曽仁和）

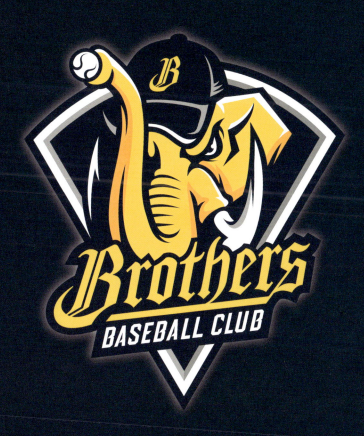

中信ブラザーズ
中信兄弟

中信ブラザーズ(中信兄弟)
ジョンシン ションディー

球団情報	兄弟育樂股份有限公司 創立：2013年12月3日　GM：楊培宏　本拠地：台中洲際棒球場 球団事務所：台北市南港區經貿二路188號5樓　TEL：02-2786-3338 http://www.brothers.tw/

2015年シーズン回顧

今年は貧打解消のため、リーグで唯一外国人野手2人を開幕から起用するも、前期はリーグ最下位の296得点、順位は3位と効果は表れなかった。しかし後期は8月から外国人枠3人を全て投手に割り、克蘭頓や伍鐸を軸にした先発ローテーションで軌道に乗った。また2年目の長距離砲・許基宏が二けた本塁打を放ち、ドラフトで蔣智賢、潘楚翔を獲得したことで、課題だった内野手の打力不足も解決される兆しが見えた。

Home　Visitor

マスコット　小翔

チアリーダー　Passion Sisters

写真は2014年のメンバー

年度別成績

年度	順位	チーム名	試合	勝	敗	分	勝率
1990	4	兄弟エレファンツ	90	34	49	7	.410
1991	3	兄弟エレファンツ	90	38	49	3	.437
1992	★1	兄弟エレファンツ	90	51	35	4	.593
1993	★2	兄弟エレファンツ	90	52	36	2	.591
1994	★1	兄弟エレファンツ	90	64	24	2	.727
1995	4	兄弟エレファンツ	100	48	51	1	.485
1996	4	兄弟エレファンツ	100	52	43	5	.547
1997	3	兄弟エレファンツ	96	45	44	7	.506
1998	6	兄弟エレファンツ	105	33	69	3	.324
1999	5	兄弟エレファンツ	94	37	53	4	.411
2000	4	兄弟エレファンツ	90	38	48	4	.441
2001	★2	兄弟エレファンツ	90	44	39	7	.530
2002	★1	兄弟エレファンツ	90	53	33	4	.616
2003	★1	兄弟エレファンツ	100	63	31	6	.670
2004	3	兄弟エレファンツ	100	54	45	1	.545
2005	4	兄弟エレファンツ	100	47	49	4	.489
2006	6	兄弟エレファンツ	100	40	59	1	.404
2007	3	兄弟エレファンツ	100	49	50	1	.495
2008	3	兄弟エレファンツ	98	52	42	4	.553
2009	4	兄弟エレファンツ	120	54	63	3	.462
2010	★2	兄弟エレファンツ	120	61	57	2	.517
2011	3	兄弟エレファンツ	120	60	60	0	.500
2012	3	兄弟エレファンツ	120	60	58	2	.508
2013	4	兄弟エレファンツ	120	55	65	0	.458
2014	4	中信ブラザーズ（中信兄弟）	120	50	66	4	.431
2015	※	中信ブラザーズ（中信兄弟）	109	56	52	1	.519
通算			2642	1290	1270	82	.504

※2015年と通算は9月27日時点の成績

球団小史■1990年のリーグ発足に奔走した兄弟ホテルのオーナー・洪騰勝が所有のチーム、「兄弟エレファンツ」が前身。1992～94年に3連覇を達成し、球界草創期の認知向上と発展に大きく関わった。2001～03年にも2度目の3連覇を果たすなど球界をリードしてきたが、09年の八百長事件以降、身売り話が浮上し、13年限りで中国信託銀行に譲渡。翌14年から中信兄弟として新スタートを切った。

内外のスターを繋ぐ、赤いアーチ
台中洲際棒球場
たいちゅうインターコンチネンタルきゅうじょう
タイジョン　ジョウジー　バンチョウチャン

住所：台中市北屯区崇徳路三段835号
TEL：04-2311-8000＃6422
収容人員：19,000人
天然芝
中堅：122m（400ft）　　両翼：99m（325ft）

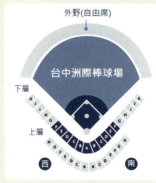

数々の国際大会を開催

台北から南西に約165km、台湾中部にある台中は、人口約272万人の台湾第3の都市だ。市内中心部から北へ約6kmの場所にある台中洲際棒球場は、2006年のインターコンチネンタルカップでの使用を目的に、政府と球界との共同事業として建設された。外観は2階席を覆う白い屋根と、それを包む、ボールの縫い目をイメージした赤色のアーチが特徴。この球場では07年11月に北京五輪アジア最終予選が行われ、「星野ジャパン」は3戦全勝で五輪への切符を手にした。その他にもこれまで数々の国際大会が行われ、15年の世界野球プレミア12でも開催会場となるなど、内外のスター選手がこの地でプレーしている。

綺麗で見やすい観客席

綺麗で洗練された雰囲気のあるこの球場は、スタンドの傾斜が緩やかで、どの座席からもとても見やすい。内野席後方がコンコースになっていて、常設、仮設の売店が並ぶ。コンコースからはグラウンドが望めるため、試合から目を離すことなく買い物をすることが出来る。球場の周辺に商店はないので、食べ物は予め用意するか、場内で購入するのがいいだろう。

台中洲際棒球場　周辺地図

アクセス

台北から台中市内へ
・高速鉄道（高鉄）で高鉄台中駅まで約1時間。その他に在来線（台鉄）、バスのルートもあり。

台中市内から球場へ
・台中駅前広場から71番バス利用。台中洲際棒球場で下車、約40分。タクシーで約25分。

要チェック!!
台湾は台中をはじめとしたいくつかの都市で、高速鉄道（高鉄）の駅と鉄道（台鉄）の主要駅が、離れた場所にあります。台中の場合、高鉄台中駅から市中心部の台鉄台中駅に行くには、高鉄台中駅に隣接する台鉄新烏日駅で乗り換えるか、バス、タクシーを利用することになります。

現地ブロガーおススメ!

台中洲際棒球場
球場周辺グルメガイド

ブロガー：電冰箱
ブログ：大家好我是電冰箱
http://www.dtmsimon.com/

品味牛雑湯
台中市西屯区西屯路三段148-39-1号（大雅交流道下）
04-2462-3868　営業時間／11：00～21：00

大雅交流路下の中清路と環中路が交差する場所にあるこのお店。一番のお勧めは牛の内臓の煮込みスープ「牛雑湯」です。味は脂っこくなく、ふんわりとした甘みが口に残ります。もう一つお勧めなのが「炒牛舌」。しっかりとした味付けで食感はとてもコシがあっておいしいです。

豊南食堂
台中市潭子区雅潭路一段21号　04-2534-5993
営業時間／11：00～14：00　17：00～21：00

主要幹線道路の中山路と雅潭路が交差する場所にあるお店。このお店は、お腹いっぱい食べたい人、味にうるさい人、両方の要望に応えることができます。旬の新鮮な海鮮食材を中心に、看板料理の「米粉芋」がお勧めです。

榕樹下滷味
台中市西屯区大鵬路80-1号　04-2291-0581
営業時間／17：00～23：00

このお店の名前にもある「下滷」とはしょうゆをベースに八角やシナモン、その他漢方の材料や香辛料を加えたもので煮込んだ料理のこと。このお店は下滷の他にお肉がぎっしり詰まった、水餃子もあります。大きめサイズの水餃子は小腹を満たすのにもってこいです。

街中にある、憩いのグリーンエリア
新北市立新荘棒球場
しんほくしりつしんそうきゅうじょう
シンベイシーリー　シンジュアン　バンチョウチャン

住所：新北市新荘区和興街66号
TEL：02-2998-1382
収容人員：12,500人
天然芝
中堅：122m（400ft）　両翼：99m（325ft）

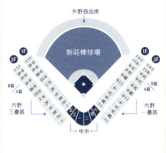

中信ブラザーズ（中信兄弟）　ジョンシン ションディー

地下鉄駅から徒歩圏内

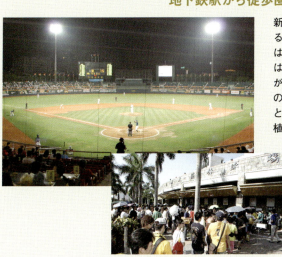

新北市は大都市・台北を囲む形になっている衛星都市で、2010年に直轄市になる以前は、台北県という名称だった。新荘棒球場は陸上競技場や体育館、テニスコートなどが集まる運動公園の中にあり、緑豊かなその環境は、周辺に暮らす人々の安らぎの場となっている。球場の外周にはヤシの木が植えられていて南国ムードいっぱい。三塁側スタンドの下部には新北市棒球文物展示室があり、野球関連の企画展などが開かれている。1997年に開場したこの球場は、00年に台北市立棒球場が撤去されて以降、収容能力のある市街地の球場として重要視され、15年のシーズンは中信兄弟の主催ゲームを中心に25試合が編成された。

好みの観戦場所を見つけよう！

コンパクトにまとまったとても見やすい球場で、全体的にゆとりがある。内野席だけではなく、外野席にも背もたれがあるため、落ち着いて観戦することが出来る。内野1階席は2階席部分がせり出している影響で、暗い印象があるが、外野寄りの前列の座席はネットもなく、開放感がある。球場周辺は多くの飲食店があるので、試合前の腹ごしらえは問題ないだろう。

新北市立新荘棒球場　周辺地図

アクセス

台北駅から
- 【地下鉄（台北捷運 MRT）で】淡水信義線に乗り、民権西路で中和新蘆線（迴龍行き）に乗り換え、新荘駅まで約25分。
- 【路線バスで】台北車站（忠孝）から299番バスに乗り、新荘棒球場（立功里立徳里）まで約45分。

新荘駅（最寄り駅）から
- 徒歩約15分（約1.1km）

台北市周辺は地下鉄が便利。新荘棒球場は最寄り駅から徒歩圏内なので、言葉が不慣れな人でも安心です。駅から球場に行く途中にコンビニもあります。

現地ブロガーおススメ!
球場周辺グルメガイド
新北市立新荘棒球場

ブロガー：魔鬼甄與天使嘉
ブログ：魔鬼甄與天使嘉
http://bajenny.pixnet.net/blog

中信ブラザーズ（中信兄弟）ジョンシンションディー

漁師生魚舗
新北市新荘区復興路一段213号　02-2991-4982　091-093-7313
営業時間／10：30〜22：30

持ち帰りがメインの海鮮のお店。お刺身はマイナス2度で保存していて、持ち帰って球場に着くころにはちょうど食べ頃になっています。総合生魚丼（海鮮丼）は180元（約648円）でネギトロ、鮭、いか、甘えび、そしてきゅうりとねぎがのっています。お店特製のわさび醤油で召し上がってみてください。

秋田義大利麺
新北市新荘区中信街9号　02-2277-7261
営業時間／11：30〜21：00

素朴な内装がお勧めのイタリア料理店です。ここのパスタはソースがすべて自家製でボリュームたっぷり。メニューは生パスタやパッパルデッレ、ツィーテなどからチョイスできるなど本格派です。はまぐりのオイルソースパスタは140元（約504円）。オイルソースのパスタはこのお店の看板メニューになっています。

詹記麻辣鍋
新北市新荘区新泰路187号　02-2998-2794
営業時間／17：00〜01：30

野球ファンの晩御飯には人気の辛い鍋、マーラー鍋のお店。お持ち帰り用の詹記麻辣鍋のスープは大きさが3種類あります。小サイズでも4〜6人分の量があってボリューム満点。スープには料理がセットになっていて、メニューの中から大きさによって1〜3種類のフードが選べます。お勧めは牛の胃袋と煮込み料理です。

高級タウンの異空間
台北市立天母棒球場
たいぺいしりつてんぼきゅうじょう
タイペイシーリー ティエンムー バンチョウチャン

住所：台北市士林区忠誠路二段77号
TEL：02-2873-6548
収容人員：10,000人
天然芝
中堅：122m（400ft）　両翼：99m（325ft）

デパートの前に立地

台北中心部の北、約8kmに位置する天母は、閑静な住宅街。外国人居住者が多いことでも知られている。また、おしゃれなお店やカフェが多く、週末にはショッピングを楽しむ人でにぎわう街だ。1999年に竣工した天母棒球場は、大葉高島屋、新光三越のなどの大手百貨店の近隣にあり、周囲の街並みには高級感が漂っている。球場正面にはバットとボールを模したモニュメントがあり、夜にはライトアップ。幻想的な雰囲気を作り出している。2015年シーズン、この球場ではプロ野球公式戦が12試合行われた。また、15年11月の世界野球プレミア12で、日本代表は予選ラウンド・メキシコ戦をこの球場で行う予定になっている。

スタンドは内野席のみ

外野に座席がないため、試合を見るアングルは限定される。小ぶりな2階席はかなり急傾斜。混雑時は注意が必要だ。内野の後列と外野寄りの座席には背もたれがないので、密集した応援には適しているが、ゆったり観戦派には不向きかもしれない。球場正面の向かいは大葉高島屋。牛角やCoCo壱番屋などが入店しているので、日本の味が恋しくなったら口にすることが出来る。

台北市立天母棒球場　周辺地図

中信ブラザーズ（中信兄弟）　ジョンシン ションディー

アクセス

台北駅から
・地下鉄（台北捷運 MRT）淡水信義線に乗り、士林駅または芝山駅で下車。各駅まで所要時間10〜12分。

芝山駅（最寄り駅）から
・試合開催時、直行バスあり。または616バスで天母棒球場下車、約15分。タクシーで約10分（約1.7km）

士林駅（最寄り駅）から
・紅12バスで天母棒球場下車、約15分。

要チェック!!
天母棒球場は地下鉄各駅から距離がありますが、複数のバス路線が球場近くを走っているので、それらが滞在先近くを通っているか探してみると良いでしょう。

現地ブロガーおススメ！
球場周辺グルメガイド
台北市立天母棒球場

ブロガー：小虎
ブログ：小虎食夢網
http://rabbit38844.pixnet.net/blog

小呉現炒牛肉
台北市士林区徳行東路216号
営業時間／11：30〜14：00
　　　　　17：30〜22：00

編集者もおススメ！

球場近くの炒め物料理のお店。とても庶民的なこのお店は、試合前の腹ごしらえにお勧めです。各種牛肉の炒め物やもつ煮、炒飯、焼きそばなどどれも美味！その中でも、「炒牛筋」（牛すじ炒め）は歯ごたえがあって、味は濃厚ですが脂っこくは感じません。お酒のつまみや、ご飯のお供にももってこいです。

番紅花印度美饌
台北市士林区天母東路38-6　02-2871-4842
営業時間／日〜木曜日　11：30〜14：00　17：30〜21：30
　　　　　　　　　　　　（金・土は22：00まで）

口コミで評判が広がった、台北っ子には有名な本格インド料理店。大勢の場合、予約をした方が無難です。カレーはもちろん、インド本場のデザートとお茶もお勧めのこのお店。少人数だったらデザートの三種盛り合わせを頼めば、プリンとインド伝統アイス、フルーツのミルク煮を楽しむことができます。

鳥哲焼物専門店
台北市士林区福華路128巷12号　02-2831-0166
営業時間／18：00〜0：00

串焼きで有名な「手串本舗」のグループの高級日本風串焼き専門店。食材の良さと職人さんの腕が優れたお店です。素材の新鮮さを生かした、看板メニュー「焼き鳥の三分焼」や鶏の刺身があります。日本から取り寄せたお酒もあって、試合後に仲間で訪れれば楽しいひとときが過ごせることでしょう。

2015選手名鑑
中信ブラザーズ
中信兄弟

凡例

ヘッドコーチ	59 李安熙 1964.11.10 182cm/90kg		外野守備コーチ	76 林明憲 1977.3.29 171cm/72kg
投手コーチ	12 黃欽智 1978.1.18 190cm/83kg		トレーニングコーチ	68 朱偉銘 1985.9.25 182cm/75kg
ブルペンコーチ	85 林恩宇 1981.3.25 188cm/92kg		二軍監督	56 陳琦豐 1968.1.21 171cm/72kg
臨時投手コーチ	52 康崔拉斯 1971.12.6 191cm/110kg		二軍ヘッドコーチ	73 養父鐵 (YofuTetsu) 1973.6.26 181cm/93kg
打撃コーチ	91 丘昌榮 1972.10.30 186cm/83kg		二軍コーチ	62 曾華偉 1977.6.28 177cm/75kg

監督 66 吳復連
ご・ふくれん
ウー・フーリェン
1962.1.6 173cm/90kg
右投右打
経歴：文化大学-兄弟 (91-96) -TML嘉南勇士 (97-00) -TML宏碁石剛監督 (01-02) -誠泰コーチ (03-06) -誠泰監督 (06-07) -La Newコーチ (07-09) -中信Bコーチ (15) -中信B監督 (15)

投手 3 潘韋辰
はん・いしん
パン・ウェイチェン
1996.10.18 183cm/85kg
右投右打
経歴：壽山高中-中信B (15)

	防御率	勝利	敗戦	セーブ	三振
2015	-	-	-	-	-
通算	-	-	-	-	-

投手 15 林煜清
りん・いくせい
リン・ユーチン
1988.12.29 180cm/87kg

経歴：国立体大-兄弟 (12-13) -中信B (14)

	防御率	勝利	敗戦	セーブ	三振
2015	5.48	1	0	0	49
通算	3.84	28	38	0	382

投手 17 陳鴻文
ちん・こうぶん
チェン・ホンウェン
1986.2.3 180cm/97kg

経歴：台北体院-カブス (07-12) -兄弟 (13) -中信B (14)

	防御率	勝利	敗戦	セーブ	三振
2015	2.79	6	3	22	50
通算	2.81	19	16	25	222

投手 18 官大元
かん・だいげん
グァン・ダーユエン
1983.9.9 174cm/68kg
右投右打
経歴：嘉義大学-兄弟 (11-13) -中信B (14)

	防御率	勝利	敗戦	セーブ	三振
2015	3.76	2	1	1	32
通算	3.77	32	17	3	255

投手 19 鄭凱文
てい・がいぶん
ジェン・カイウェン
1988.7.26 176cm/80kg
右投右打
経歴：文化大学-阪神 (09-12) -DeNA (13) -中信B (14)

	防御率	勝利	敗戦	セーブ	三振
2015	3.50	10	4	0	77
通算	2.89	21	7	0	185

NPBでの登録名：ゼン・カイウン

投手 20 江忠城
こう・ちゅうじょう
ジャン・ジョンチェン
1990.3.10 180cm/90kg
経歴：国立体大-中信B (14)

	防御率	勝利	敗戦	セーブ	三振
2015	8.53	1	1	0	24
通算	7.23	1	2	0	38

投手 21 鄭錡鴻
てい・きこう
ジェン・チーホン
1985.6.20 185cm/97kg
左投左打
経歴：台湾体大-ブルージェイズ (04-08) -パイレーツ (09) -兄弟 (11-13) -中信B (14)

	防御率	勝利	敗戦	セーブ	三振
2015	9.22	0	2	0	6
通算	5.01	21	24	0	182

投手 27 王建勛
おう・けんくん
ワン・ジェンシュン
1985.5.6 182cm/88kg
左投左打
経歴：輔仁大学-興農 (09-10) -兄弟 (10) -兄弟 (12-13) -中信B (14)

	防御率	勝利	敗戦	セーブ	三振
2015	5.40	0	0	0	7
通算	4.80	0	2	0	17

投手 33 王則鈞
おう・そくきん
ワン・ゼジュン
1995.8.7 181cm/86kg
右投右打
経歴：平鎮高中-兄弟 (13) -中信B (14)

	防御率	勝利	敗戦	セーブ	三振
2015	7.71	0	0	0	5
通算	5.06	2	5	0	40

投手

投手 34 王英山
おう・えいさん
ワン・インシャン
1989.9.19　188cm/82kg
右投右打
経歴：台湾体大-兄弟(13)-Lamigo(13-14)-中信B(15)

	防御率	勝利	敗戦	セーブ	三振
2015	22.50	0	0	0	2
通算	20.25	0	0	0	4

投手 38 克蘭頓
マイク・マクレンドン
ケーランドゥン
1985.4.3　195cm/103kg
右投右打
経歴：ブルワーズ(06-12)-ロッキーズ(13-14)-米独立L(14)-豪州L(14-15)-米独立L(15)-中信B(15)

	防御率	勝利	敗戦	セーブ	三振
2015	3.86	9	3	0	79
通算	3.86	9	3	0	79

投手 41 羅國華
ら・こくか
ルオ・グォホア
1986.11.8　184cm/98kg
右投右打
経歴：台北体院-兄弟(11-13)-中信B(14)

	防御率	勝利	敗戦	セーブ	三振
2015	5.80	0	2	0	27
通算	4.45	2	5	1	104

投手 42 増菘瑋
ぞう・しゅうい
ゼン・ソンウェイ
1984.12.28　177cm/85kg
右投右打
経歴：台湾体大-インディアンス(07-09)-兄弟(11-13)-中信B(14)

	防御率	勝利	敗戦	セーブ	三振
2015	-	-	-	-	-
通算	4.27	15	18	0	103

投手 43 克拉帝
ビクター・ガラテ
ケラディ
1984.9.25　190cm/106kg
左投左打
経歴：アストロズ(04-07)-ドジャース(08-09)-ナショナルズ(09-10)-マリーンズ(11)-ブルワーズ(12)-米独立(12)-メキシカンL(13-14)-義大(14)-日本ハム(15)-中信B(15)

	防御率	勝利	敗戦	セーブ	三振
2015	5.57	2	0	0	19
通算	3.19	9	5	0	107

NPBでの登録名：ガラテ

投手 47 陳偉建
ちん・いけん
チェン・ウェイジェン
1985.12.31　183cm/80kg
左投左打
経歴：台湾体大-兄弟(11-13)-中信B(14)

	防御率	勝利	敗戦	セーブ	三振
2015	-	-	-	-	-
通算	7.71	0	1	0	3

投手 48 邱品睿
きゅう・ひんえい
チョウ・ピンルイ
1987.12.13　180cm/82kg
右投右打
経歴：開南大学-兄弟(12-13)-中信B(14)

	防御率	勝利	敗戦	セーブ	三振
2015	2.63	2	0	0	16
通算	4.13	2	2	0	43

投手 50 伍鐸
ブライアン・ウッドール
ウドゥオ
1986.10.24　183cm/100kg
右投右打
経歴：ダイヤモンドバックス(08-14)-米独立L(15)-中信B(15)

	防御率	勝利	敗戦	セーブ	三振
2015	2.48	4	1	0	53
通算	2.48	4	1	0	53

投手 54 張凱倫
ちょう・がいりん
ジャン・カイルン
1995.3.4　180cm/81kg
右投右打
経歴：泉僑高中-中信B(15)

	防御率	勝利	敗戦	セーブ	三振
2015	16.20	0	0	0	0
通算	16.20	0	0	0	0

投手 63 林英傑
りん・えいけつ
リン・インジェ
1981.5.1　182cm/89kg
左投左打
経歴：高苑工商-TML高屏雷公(99-01)-誠泰(04-05)-楽天(06-08)-興農(09-12)-義大(13-14)-中信B(15)

	防御率	勝利	敗戦	セーブ	三振
2015	4.61	4	5	0	30
通算	3.25	59	63	5	778

NPBでの登録名：インチェ

投手 65 盧劭禹
ろ・しょうう
ルー・シャオユ
1987.12.16　190cm/100kg
右投右打
経歴：嘉義大学-兄弟(12-13)-中信B(14)

	防御率	勝利	敗戦	セーブ	三振
2015	-	-	-	-	-
通算	7.33	3	3	0	28

投手 71 杜家明
と・かめい
ドゥ・ジャーミン
1996.2.3　183cm/98kg
右投右打
経歴：平鎮高中-中信B(14)

	防御率	勝利	敗戦	セーブ	三振
2015	6.26	0	0	0	13
通算	6.26	0	0	0	13

投手 77 王梓安
おう・しあん
ワン・ズーアン
1990.10.9　198cm/90kg
右投右打
経歴：三信家商-カブス(09-11)-中信B(14)

	防御率	勝利	敗戦	セーブ	三振
2015	6.14	2	4	0	25
通算	5.02	3	10	0	65

投手 79 謝榮豪
しゃ・えいごう
シェ・ロンハオ
1990.7.9　188cm/101kg
右投右打
経歴：台湾体大-中信B(14)

	防御率	勝利	敗戦	セーブ	三振
2015	5.52	3	6	0	40
通算	4.49	6	10	5	74

投手 88 耿伯軒
こう・はくけん
ゲン・ボーシュエン
1984.10.15　184cm/105kg
右投右打
経歴：台湾体大-ブルージェイズ(05-08)-La new(09-10)-Lamigo(11-12)-兄弟(13)-中信B(14)

	防御率	勝利	敗戦	セーブ	三振
2015	6.75	0	1	0	1
通算	4.08	12	12	12	87

投手 90 呉明旭
ご・めいきょく
ウー・ミンシュ
1988.4.16　183cm/88kg
右投右打
経歴：立徳大学-兄弟(13)-中信B(14)

	防御率	勝利	敗戦	セーブ	三振
2015	-	-	-	-	-
通算	3.93	2	1	0	21

投手 97 林克謙
りん・こくけん
リン・ケーチェン
1986.5.5　174cm/84kg
右投右打
経歴：国立体大-興農(09-12)-義大(13)-中信B(15)

	防御率	勝利	敗戦	セーブ	三振
2015	8.89	1	1	0	13
通算	4.21	16	22	2	166

投手 99 周磊
しゅう・らい
ジョウ・レイ
1991.4.16　184cm/89kg
右投右打
経歴：台湾体大-中信B(15)

	防御率	勝利	敗戦	セーブ	三振
2015	-	-	-	-	-
通算	-	-	-	-	-

中信ブラザーズ（中信兄弟） ジョンシン ションディー

捕手 25 周聖訓

しゅう・せいくん
ジョウ・シェンシュン
1988.12.17　162cm/82kg
右投右打
經歷：輔仁大學-中信B (14)

	打率	試合	安打	打点	本塁打
2015	.188	18	6	1	0
通算	.194	20	7	1	0

捕手 26 黃鈞聲

こう・きんせい
ファン・ジュンシェン
1989.1.19　178cm/100kg
右投右打
經歷：嘉藥科大-兄弟 (12-13)-中信B (14)

	打率	試合	安打	打点	本塁打
2015	.265	32	18	8	2
通算	.245	164	94	37	4

捕手 28 林明杰

りん・めいけつ
リン・ミンジェ
1991.3.18　187cm/101kg
右投右打
經歷：文化大學-中信B (15)

	打率	試合	安打	打点	本塁打
2015	-	-	-	-	-
通算	-	-	-	-	-

捕手 29 陳智弘

ちん・ちこう
チェン・ジーホン
1978.12.11　177cm/89kg
右投右打
經歷：文化大學-兄弟 (06-13)-中信B (14)

	打率	試合	安打	打点	本塁打
2015	.308	18	8	4	0
通算	.223	559	295	140	12

捕手 35 郭峰駿

かく・ほうしゅん
グォ・フォンジュン
1988.11.5　173cm/86kg
右投右打
經歷：國立體大-中信B (14)

	打率	試合	安打	打点	本塁打
2015	-	-	-	-	-
通算	.189	17	7	5	0

捕手 45 王峻杰

おう・しゅんけつ
ワン・ジュンジェ
1989.1.4　175cm/85kg
右投右打
經歷：國立體大-兄弟 (13)-中信B (14)

	打率	試合	安打	打点	本塁打
2015	-	-	-	-	-
通算	.230	108	56	23	1

捕手 92 陳家駒

ちん・かく
チェン・ジャージュ
1989.4.7　180cm/81kg
右投左打
經歷：文化大學-レッドソックス (08-10)-中信B (14)

	打率	試合	安打	打点	本塁打
2015	.263	88	61	26	7
通算	.240	146	88	37	12

內野手 2 潘楚翔

はん・ていしょう
バン・ディンシャン
1990.11.12　178cm/75kg
右投右打
經歷：國立體大-アスレチックス (10-15)-中信B (15)

	打率	試合	安打	打点	本塁打
2015	.375	3	1	0	0
通算	.375	3	1	0	0

內野手 8 黃仕豪

こう・しごう
ホァン・シーハオ
1983.3.16　180cm/79kg
右投右打
經歷：善化高中-誠泰 (05-07)-米迪亞 (08)-La new (09)-兄弟 (10-13)-中信B (14)

	打率	試合	安打	打点	本塁打
2015	.261	65	29	16	0
通算	.262	859	691	288	10

內野手 9 王威晨

おう・いしん
ワン・ウェイチェン
1991.7.3　183cm/72kg
右投左打
經歷：輔仁大學-兄弟 (09-10)-中信B (15)

	打率	試合	安打	打点	本塁打
2015	-	-	-	-	-
通算	-	-	-	-	-

內野手 11 蔣智賢

しょう・ちけん
ジャン・ジーシェン
1988.2.21　183cm/95kg
右投左打
經歷：台灣體大-レッドソックス (06-11)-マリナーズ (11-12)-レンジャーズ (13)-オリオールズ (14)-四国IL-高知 (15)-中信B (15)

	打率	試合	安打	打点	本塁打
2015	.305	28	32	24	3
通算	.305	28	32	24	3

內野手 13 陳威儒

ちん・いじゅ
チェン・ウェイルー
1985.11.7　173cm/80kg
右投右打
經歷：國立體大-兄弟 (11-13)-中信B (14)

	打率	試合	安打	打点	本塁打
2015	-	-	-	-	-
通算	.201	129	53	24	0

內野手 14 王勝偉

おう・しょうい
ワン・シェンウェイ
1984.4.1　180cm/73kg
右投右打
經歷：台灣體大-兄弟 (08-13)-中信B (14)

	打率	試合	安打	打点	本塁打
2015	.296	105	103	40	8
通算	.270	887	857	359	26

內野手 22 甘少康

かん・しょうこう
ガン・シャオカン
1993.1.14　175cm/74kg
右投右打
經歷：高苑科大-中信B (15)

	打率	試合	安打	打点	本塁打
2015	-	-	-	-	-
通算	-	-	-	-	-

內野手 23 彭政閔

ほう・せいびん
ポン・ジェンミン
1978.8.6　183cm/101kg
右投右打
經歷：美和中學-兄弟 (01-13)-中信B (14)

	打率	試合	安打	打点	本塁打
2015	.319	97	120	52	3
通算	.339	1403	1636	693	173

內野手 31 陳江和

ちん・こうわ
チェン・ジャンヘ
1982.1.15　178cm/90kg
右投右打
經歷：文化大學-兄弟 (07-13)-中信B (14)

	打率	試合	安打	打点	本塁打
2015	.288	87	57	26	2
通算	.260	814	644	283	13

內野手 32 徐睿擇

じょ・えいたく
シュ・ルイゼ
1988.1.26　173cm/66kg
右投左打
經歷：嘉藥科大-兄弟 (12-13)-中信B (14)

	打率	試合	安打	打点	本塁打
2015	.238	58	24	3	0
通算	.238	58	24	3	0

內野手 37 蔡明覺

さい・めいかく
ツァイ・ミンジュエ
1987.4.4　175cm/70kg
右投右打
經歷：台北體院-兄弟 (11-13)-中信B (14)

	打率	試合	安打	打点	本塁打
2015	.000	5	0	1	0
通算	.226	175	71	23	1

内野手

51 陳弘桂
ちん・こうけい / チェン・ホングイ
1988.10.11 177cm/66kg
右投右打
経歴：嘉義大學-兄弟(12-13)-中信B(14)

	打率	試合	安打	打点	本塁打
2015	.000	6	0	0	0
通算	.195	75	15	6	0

55 蔡益民
さい・えきみん / ツァイ・イーミン
1990.10.22 191cm/120kg
右投右打
経歴：開南大學-中信B(15)

	打率	試合	安打	打点	本塁打
2015	.250	3	1	0	0
通算	.250	3	1	0	0

58 曾陶鎔
そう・とうよう / ツェン・タオロン
1991.4.27 182cm/84kg
右投右打
経歴：高苑科大-中信B(15)

	打率	試合	安打	打点	本塁打
2015	-	-	-	-	-
通算	-	-	-	-	-

61 蘇袁億
そ・えんおく / スー・ユェンイ
1985.7.29 176cm/74kg
右投左打
経歴：國立體大-La new(09)-兄弟(12-13)-中信B(14)

	打率	試合	安打	打点	本塁打
2015	-	-	-	-	-
通算	.176	16	3	0	0

69 張志強
ちょう・しきょう / ジャン・ジーチャン
1989.12.21 168cm/80kg
右投右打
経歴：文化大學-中信B(14)

	打率	試合	安打	打点	本塁打
2015	.200	3	1	0	0
通算	.167	6	1	0	0

74 許基宏
きょ・きこう / シュ・ジーホン
1992.7.22 187cm/103kg
右投左打
経歴：台灣體大-中信B(14)

	打率	試合	安打	打点	本塁打
2015	.310	82	75	47	10
通算	.306	103	93	61	14

96 蘇緯達
そ・いたつ / スー・ウェイダー
1990.11.10 185cm/103kg
右投右打
経歴：國立體大-中信B(15)

	打率	試合	安打	打点	本塁打
2015	-	-	-	-	-
通算	-	-	-	-	-

98 陳偉漢
ちん・いかん / チェン・ウェイハン
1989.8.29 178cm/82kg
右投右打
経歴：台灣體大-中信B(14)

	打率	試合	安打	打点	本塁打
2015	.228	31	13	6	0
通算	.270	54	27	12	0

外野手

1 陳子豪
ちん・しごう / チェン・ズーハオ
1995.7.29 179cm/89kg
右投左打
経歴：高苑工商-兄弟(13)-中信B(14)

	打率	試合	安打	打点	本塁打
2015	.297	94	82	42	5
通算	.272	180	144	71	9

6 張正偉
ちょう・せいい / ジャン・ジェンウェイ
1986.8.25 174cm/74kg
左投左打
経歴：開南大學-兄弟(10-13)-中信B(14)

	打率	試合	安打	打点	本塁打
2015	.330	98	125	36	2
通算	.328	686	866	218	5

7 張志豪
ちょう・しごう / ジャン・ジーハオ
1987.5.15 180cm/81kg
右投左打
経歴：台灣體大-兄弟(10-13)-中信B(14)

	打率	試合	安打	打点	本塁打
2015	.292	86	91	37	10
通算	.275	627	590	246	30

10 郭健瑜
かく・けんゆ / グォ・ジェンユ
1984.9.24 175cm/72kg
右投右打
経歴：文化大學-興農(09-10)-兄弟(13)-中信B(14)

	打率	試合	安打	打点	本塁打
2015	.200	19	3	1	0
通算	.261	245	166	64	2

16 周思齊
しゅう・しせい / ジョウ・スーチー
1981.10.26 178cm/90kg
左投左打
経歴：輔仁大學-誠泰(05-07)-米迪亞(08)-兄弟(09-13)-中信B(14)

	打率	試合	安打	打点	本塁打
2015	.362	100	138	74	14
通算	.316	1005	1113	537	75

24 林威助
りん・いじょ / リン・ウェイジュ
1979.1.21 179cm/82kg
左投左打
経歴：近畿大學-阪神(03-13)-中信B(14)

	打率	試合	安打	打点	本塁打
2015	.275	131	103	62	7
通算	.275	131	103	62	7

NPBでの登録名：リン・ウェイツゥ

49 林王啟瑋
りんおう・けいい / リンワン・チーウェイ
1989.7.29 181cm/90kg
右投右打
経歴：台灣體大-中信B(14)

	打率	試合	安打	打点	本塁打
2015	.118	11	2	1	0
通算	.133	17	4	1	0

53 簡富智
かん・ふち / ジェン・フージ
1986.4.23 172cm/78kg
右投右打
経歴：嘉藥科大-兄弟(10-13)-中信B(14)

	打率	試合	安打	打点	本塁打
2015	.083	11	1	0	0
通算	.224	256	82	22	2

57 陳皓然
ちん・こうぜん / チェン・ハオラン
1986.5.9 179cm/86kg
右投右打
経歴：嘉藥科大-兄弟(12-13)-中信B(14)

	打率	試合	安打	打点	本塁打
2015	.000	4	0	0	0
通算	.154	27	8	3	0

87 許皓傑
きょ・こうけつ / シュ・ハオジェ
1996.11.10 172cm/75kg
右投右打
経歴：美和中學-中信B(15)

	打率	試合	安打	打点	本塁打
2015	-	-	-	-	-
通算	-	-	-	-	-

統一7-ELEVEnライオンズ
統一7-ELEVEn獅

統一7-ELEVEnライオンズ
トンイー　セブンイレブン　シー

球団情報
統一棒球隊股份有限公司
創立：1989年1月1日　　GM：蘇泰安　　本拠地：台南市立棒球場
球団事務所：台南市南區健康路一段257號　　TEL：06-215-3399
http:// www.uni-lions.com.tw

2015年シーズン回顧

投手陣はリーグで最も多く台湾人投手で先発ローテーションを回し、江辰晏や林子崴といった若手が活躍を見せた。抑えでは華納が定着し比較的順調だったが、課題だったベテラン頼みの野手陣は今年も代わり映えすることはなく、他球団と比べ見劣りした。かつての常勝軍団は優勝争いに加わることすらなくシーズンを終えたが、今後の再建には長打力のある若手野手の活躍が必要不可欠となる。

マスコット　萊恩&盈盈

チアリーダー　UniGirls

写真は2014年のメンバー

年度別成績

年度	順位	チーム名	試合	勝	敗	分	勝率
1990	3	統一ライオンズ	90	37	49	4	.430
1991	★1	統一ライオンズ	90	46	34	10	.575
1992	3	統一ライオンズ	90	41	45	4	.477
1993	1	統一ライオンズ	90	54	34	2	.614
1994	2	統一ライオンズ	90	48	38	4	.558
1995	★1	統一ライオンズ	100	62	36	2	.633
1996	★1	統一ライオンズ	100	60	37	3	.619
1997	1	統一ライオンズ	96	58	31	7	.652
1998	2	統一ライオンズ	105	57	45	3	.559
1999	2	統一ライオンズ	93	56	37	0	.602
2000	★2	統一ライオンズ	90	44	43	3	.505
2001	1	統一ライオンズ	90	49	37	4	.569
2002	4	統一ライオンズ	90	32	54	4	.372
2003	3	統一ライオンズ	100	54	39	7	.580
2004	1	統一ライオンズ	100	54	40	6	.574
2005	3	統一ライオンズ	100	48	49	3	.494
2006	2	統一ライオンズ	100	48	45	7	.516
2007	★1	統一ライオンズ	100	58	41	1	.586
2008	★1	統一7-ELEVEnライオンズ	100	67	33	0	.670
2009	★1	統一7-ELEVEnライオンズ	120	63	54	3	.538
2010	4	統一7-ELEVEnライオンズ	120	54	63	3	.462
2011	★2	統一7-ELEVEnライオンズ	120	65	52	3	.556
2012	1	統一7-ELEVEnライオンズ	120	71	48	1	.597
2013	★1	統一7-ELEVEnライオンズ	120	62	55	3	.530
2014	2	統一7-ELEVEnライオンズ	120	58	55	7	.513
2015	※	統一7-ELEVEnライオンズ	109	47	60	2	.439
通算			2643	1393	1154	96	.547

※2015年と通算は9月27日時点の成績

統一7-ELEVEnライオンズ トンイー セブンイレブン シー

球団小史■プロリーグ誕生時に参加した4球団の中で、現在までの26年間、球団を保有し続けている唯一の存在。リーグ発足時から台南を本拠地にしている「南部の盟主」だ。2008年からはブランド名が広く認知されているグループ内の企業、「7-ELEVEn」をチーム名に採用している。優勝回数はリーグ最多の9回。07~09年には史上3チーム目の3連覇を達成するなど、輝かしい戦績を残している。

古都で際立つ鮮やかな橙色
台南市立棒球場
たいなんしりつきゅうじょう
タイナンシーリー バンチョウチャン

住所：台南市健康路一段257号
TEL：06-291-0444
収容人員：11,000人
天然芝
中堅：122m（400ft）　両翼：103m（339ft）

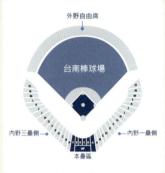

鮮やかな色彩でファンを迎える

台北から南西に約310km。人口約188万人の台南は、17世紀中期から224年間、台湾の首府として政治、文化の中心として栄え、今も歴史的価値のある史跡や文化財が残る街だ。台南は野球への関心が高い地域でもあり、台南市出身の現役選手はすべての県、市の中で最も多い、約18％を占めている。市中心部の運動公園の中にある野球場は、日本統治時代の1931年に竣工。その後、改修工事を重ね、現在に至っている。球場正面には「牌楼」と呼ばれる、独特の色使いをした中国伝統的建築の門が立てられ、訪れた者の気分を高ぶらせてくれる。統一7-ELEVEnの本拠地であり、2015年シーズンは39試合のホームゲームが編成された。

地元っ子と一緒に選手に声援

グラウンドレベルよりも高い位置に座席があるが、グラウンドとの距離はあまり感じない。内野席の外野寄りからの眺めは陸上競技場を思わせる。座席の間に照明塔や屋根の支柱があり、場所によっては死角が生じるのはやむを得ないところだ。ベンチシートの外野席は開放感がある。外野から眺めるオレンジ色の内野席には強いインパクトを感じることだろう。

台南市立棒球場　周辺地図

アクセス

要チェック!!

高鉄台南駅は台鉄台南駅の南東11kmにあり離れています。高鉄台南駅から市中心部の台鉄台南駅に行くには、高鉄台南駅に隣接する台鉄沙崙駅で乗り換えとなります。所要時間約25分。

台北から台南市内へ
・高速鉄道（高鉄）で高鉄台南駅まで約1時間45分。その他に在来線（台鉄）の特急、高速バスのルートもあり。

台南市内から球場へ
・台南駅から0左、0右、5、88番バスなどで体育公園下車。約20分。タクシーで約10分（約2.5km）

現地ブロガーおススメ！

台南市立棒球場
球場周辺グルメガイド

ブロガー：橘子狗
ブログ：橘子狗愛吃糖
http://www.orange-dog.com/

信義小吃部 炒鱔魚專家
台南市中西区大同路一段146号　06-213-0614
営業時間／11：00～13：30　16：00～22：30

編集者もおススメ！

この地域を代表する老舗。意麺と呼ばれる油で揚げた太めのちぢれ麺をタウナギ、ねぎ、たまねぎ、おろしにんにく、唐辛子、黒酢と共に炒めた、言わば「タウナギの甘酢あんかけ麺」のお店です。こりこりしたタウナギの食感とクセになる甘酢の味わいが絶妙で、毎日でも食べたくなるような飽きない味です。

阿輝黒輪
台南市南区大林路121号　06-224-9686
営業時間／10：30～18：45（月曜定休）

30年以上、地域の人たちに親しまれているお店です。台湾風のおでんと魚のすり身の揚げ物をぜひどうぞ。またもち米を豚の腸に詰め、パンのようにして、ソーセージを挟んだ、ホットドッグ風の大腸包小腸もお勧めです。それを食べながら、缶入りの「アスパラガスジュース」にチャレンジしてみてはいかがですか？

小吉蔵日式炸豚排専門店
台南市中西区健康路一段188号　06-214-9988
営業時間／11：00～14：00　17：00～22：00

球場からすぐ近くの日本スタイルのとんかつ専門店です。オープンして2年余りの新しいこのお店は、高級料理店「吉蔵」の系列。やわらかくて厚切りの黒豚を使用したとんかつは、衣もサクサクでお勧めです。またとんかつだけではなく広島から直輸入のカキを使用したカキフライなど、日本のとんかつ屋さんそのもののようなお店になっています。

2015選手名鑑
統一7-ELEVEn ライオンズ

凡例
- 顔写真 途中入団者は写真無し
- ポジション
- 漢字名 日本語読み 現地読み
- 0 背番号
- 生年月日 身長/体重
- 投打
- アメリカマイナーリーグ経験者は在籍球団の親チームを記載
- NPBでの登録は......
- 12 はプレミア12台湾代表選手
- 成績は2015年9月27日時点

統一7-ELEVEnライオンズ　トンイー セブンイレブン シー

監督	87
陳連宏	
ちん・れんこう	
チェン・リェンホン	
1973.9.13　190cm/105kg	
右投右打	

経歴：新民商工-和信(97-01)-中信W(02)-統一(03-11)-統一コーチ(12-13)-統一監督(13)

ヘッド兼投手コーチ	88	郭泰源
		1962.3.20　180cm/72kg
投手コーチ補佐	81	鄭博壬
		1982.10.17　182cm/75kg
守備走塁コーチ	53	黃甘霖
		1975.3.12　182cm/85kg
内野守備コーチ	76	許聖杰
		1975.5.16　182cm/80kg
外野守備コーチ	92	莊景賀
		1978.5.12　186cm/86kg
バッテリーコーチ	72	高政華
		1977.7.1　179cm/87kg

トレーニングコーチ	79	一色優
		1971.9.14　175cm/75kg
二軍監督	78	王子菘
		1978.6.6　170cm/82kg
二軍投手コーチ	70	潘俊榮
		1983.1.2　180cm/75kg
二軍守備コーチ	89	楊松弦
		1977.10.6　177cm/79kg
二軍トレーニングコーチ	77	許峰賓
		1981.10.10　174cm/64kg

投手	00
郭泓志	
かく・おうし	
グォ・ホンジー	
1981.7.23　188cm/109kg	
左投左打	

経歴：南英商工-ドジャース(00-11)-マリナーズ(12)-カブス(12)-統一(14)

	防御率	勝利	敗戦	セーブ	三振
2015	5.59	1	2	0	9
通算	3.09	1	8	27	76

投手	10
廖文揚	
りょう・ぶんよう	
リャオ・ウェンヤン	
1987.10.10　177cm/81kg	
右投右打	

経歴：文化大学-統一(11)

	防御率	勝利	敗戦	セーブ	三振
2015	5.75	3	10	0	56
通算	4.17	27	25	0	290

投手	12
陳韻文	
ちん・いんぶん	
チェン・ユンウェン	
1995.11.28　183cm/97kg	
右投右打	

経歴：屏東高中-統一(14)

	防御率	勝利	敗戦	セーブ	三振
2015	1.50	0	0	0	9
通算	1.50	0	0	0	9

投手	14
林子崴	
りん・しわい	
リン・ズーウェイ	
1995.9.17　179cm/78kg	
左投左打	

経歴：文化大学-統一(15)

	防御率	勝利	敗戦	セーブ	三振
2015	2.89	1	1	0	20
通算	2.89	1	1	0	20

投手	16
江辰晏	
こう・しんあん	
ジャン・チェンイェン	
1995.6.3　175cm/70kg	
右投右打	

経歴：西苑中学-統一(13)

	防御率	勝利	敗戦	セーブ	三振
2015	3.77	6	2	0	75
通算	3.68	7	2	0	84

投手	17
林岳平	
りん・がくへい	
リン・ユエピン	
1982.1.28　176cm/70kg	
右投右打	

経歴：三民高中-統一(05)

	防御率	勝利	敗戦	セーブ	三振
2015	5.79	0	1	0	12
通算	3.66	30	41	129	484

投手	18
潘威倫	
はん・いりん	
パン・ウェイルン	
1982.3.5　182cm/98kg	
右投右打	

経歴：輔仁大学-統一(03)

	防御率	勝利	敗戦	セーブ	三振
2015	5.00	7	6	0	57
通算	3.06	124	75	0	970

投手	19
高建三	
こう・けんさん	
ガオ・ジェンサン	
1973.11.5　175cm/93kg	
右投右打	

経歴：輔仁大学-和信(98-01)-中信W(02-07)-統一(08)

	防御率	勝利	敗戦	セーブ	三振
2015	4.82	1	2	0	19
通算	3.47	70	76	15	859

投手	22
銳克	
ザック・セゴビア	
ルイケ	
1983.4.11　188cm/113kg	
右投右打	

経歴：フィリーズ(02-08)-ナショナルズ(08-09)-ヤンキース(10)-ブルワーズ(11)-タイガース(12)-メキシコシレ(13)-米独立L(14)-メキシカンL(14)-レンジャーズ(14)-パドレス(15)-統一(15)

	防御率	勝利	敗戦	セーブ	三振
2015	5.34	2	2	0	20
通算	5.34	2	2	0	20

投手	23
林家瑋	
りん・かい	
リン・ジャーウェイ	
1987.3.28　177cm/76kg	
左投左打	

経歴：文化大学-Lamigo(11-13)-統一(14)

	防御率	勝利	敗戦	セーブ	三振
2015	0.00	0	0	0	2
通算	4.68	5	6	1	116

投手	26
李瑋華	
り・いか	
リ・ウェイホア	
1985.11.26　178cm/87kg	
左投左打	

経歴：嘉義大学-統一(09)

	防御率	勝利	敗戦	セーブ	三振
2015	4.99	6	3	0	83

投手 **黄俊欽** 28 こう・しゅんきん ファン・ジュンチン 1987.2.9　180cm/91kg 右投右打 経歴：嘉義大学-統一 (12) 防御率 勝利 敗戦 セーブ 三振 2015　-　-　-　-　- 通算　12.15　0　0　0　2	投手 **華納** 30 ワーナー・マドリガル ホァーナー 1984.3.21　185cm/113kg 右投右打 経歴：エンゼルス(01-07)-レンジャーズ(08-10)-ヤンキース(11)-ダイヤモンドバックス(13)-中日(13)-ナショナルズ(14)-統一(15) 防御率 勝利 敗戦 セーブ 三振 2015　2.75　4　5　16　48 通算　2.75　4　5　16　48 NPBでの登録名：マドリガル	投手 **李金木** 31 り・きんぼく リ・ジンム 1985.5.2　184cm/96kg 右投右打 経歴：文化大学-La new(09)-兄弟(10-12)-統一(12) 防御率 勝利 敗戦 セーブ 三振 2015　-　-　-　-　- 通算　5.62　4　13　0　91
投手 **賈斯汀** 33 ジャスティン・トーマス ジャースディン 1984.1.18　191cm/100kg 左投左打 経歴：マリナーズ(05-09)-パイレーツ(10-11)-レッドソックス(12)-ヤンキース(12)-アスレチックス(13)-日本ハム(13)-エンゼルス(14)-韓国-KIA(14)-統一(15) 防御率 勝利 敗戦 セーブ 三振 2015　3.66　5　8　0　88 通算　3.66　5　8　0　88 NPBでの登録名：トーマス	投手 **邱浩鈞** 37 きゅう・こうきん チョウ・ハオジュン 1990.12.29　180cm/70kg 右投右打 経歴：文化大学-統一 (14) 防御率 勝利 敗戦 セーブ 三振 2015　7.69　3　0　0　31 通算　7.69　3　0　0　31	投手 **江承峰** 38 こう・しょうほう ジャン・チェンフォン 1988.10.14　180cm/90kg 右投右打 経歴：台北体院-統一 (13) 防御率 勝利 敗戦 セーブ 三振 2015　8.35　1　0　0　28 通算　4.83　2　7　0　70
投手 **邱子愷** 39 きゅう・しがい チョウ・ズーカイ 1987.9.14　183cm/100kg 左投左打 経歴：台湾体大-レッズ(07-11)-統一(13) 防御率 勝利 敗戦 セーブ 三振 2015　5.23　1　0　0　10 通算　3.41　4　4　1　63	投手 **郭力瑋** 40 かく・りきい グォ・リーウェイ 1997.1.10　180cm/80kg 右投右打 経歴：南英商工-統一 (15) 防御率 勝利 敗戦 セーブ 三振 2015　-　-　-　-　- 通算　-　-　-　-　-	投手 **王鏡銘** 41 おう・きょうめい ワン・ジンミン 1986.1.16　176cm/93kg 右投右打 経歴：開南大学-統一 (10) 防御率 勝利 敗戦 セーブ 三振 2015　6.68　5　9　0　66 通算　4.29　42　25　6　393
投手 **傅于剛** 42 ふ・うごう フ・ユーガン 1988.1.18　180cm/93kg 右投右打 経歴：嘉義大学-統一 (12) 防御率 勝利 敗戦 セーブ 三振 2015　2.50　2　1　0　27 通算　2.31　13　5　3　174	投手 **張耀文** 43 ちょう・ようぶん ジャン・ヤオウェン 1990.10.31　189cm/99kg 右投右打 経歴：台湾体大-マリナーズ(08-12)-統一(14) 防御率 勝利 敗戦 セーブ 三振 2015　∞　0　0　0　0 通算　∞　0　0　0　0	投手 **蔡萬霖** 45 さい・ばんりん ツァイ・ワンリン 1988.5.12　173cm/86kg 右投右打 経歴：輔仁大学-統一 (12) 防御率 勝利 敗戦 セーブ 三振 2015　9.00　-　-　-　- 通算　2.28　1　2　0　10
投手 **黄靖幃** 46 こう・せいい ホァン・ジンウェイ 1994.11.5　175cm/80kg 左投左打 経歴：南英商工-統一 (13) 防御率 勝利 敗戦 セーブ 三振 2015　9.64　0　0　0　2 通算　9.64　0　0　0　2	投手 **賴泊凱** 47 らい・はくがい ライ・ボカイ 1989.6.23　180cm/73kg 右投右打 経歴：台湾体大-統一 (14) 防御率 勝利 敗戦 セーブ 三振 2015　4.77　0　0　1　3 通算　10.13　0　1　1　3	投手 **王朝民** 48 おう・ちょうみん ワン・チャオミン 1995.3.10　183cm/100kg 右投左打 経歴：高苑工商-統一 (14) 防御率 勝利 敗戦 セーブ 三振 2015　-　-　-　-　- 通算　-　-　-　-　-
投手 **林其緯** 51 りん・きい リン・チウェイ 1984.4.7　176cm/70kg 右投右打 経歴：台北体院-興農(08-12)-義大(13-14)-統一(15) 防御率 勝利 敗戦 セーブ 三振 2015　6.28　1　0　0　6 通算　4.43　29　45　8　488	投手 **郭恆孝** 54 かく・こうこう グォ・ヘンシャオ 1989.3.23　180cm/85kg 右投右打 経歴：福岡経済大-BCL・新潟(12)-統一(15) 防御率 勝利 敗戦 セーブ 三振 2015　12.00　0　1　0　2 通算　12.00　0　1　0　2	投手 **銳迪** 63 ランディー・ブーン ルイディ 1984.8.2　188cm/97kg 右投右打 経歴：ブルージェイズ(08-14)-ベネズエラL(14)-米独立L(15)-統一(15) 防御率 勝利 敗戦 セーブ 三振 2015　-　-　-　-　- 通算　-　-　-　-　-

統一7-ELEVEn ライオンズ トンイー セブンイレブン シー

投手 71 羅錦龍

ら・きんりゅう
ルォ・ジンロン
1985.8.20 198cm/103kg
右投右打
経歴：米・デンバー大学-ロッキーズ（02-11）-米独立L（12）-統一（13）

	防御率	勝利	敗戦	セーブ	三振
2015	-	-	-	-	-
通算	3.51	16	7	0	76

捕手 0 鄭皓達

てい・こうたつ
ジェン・ハオダー
1988.11.30 175cm/80kg
右投右打
経歴：高苑科大-統一（14）

	打率	試合	安打	打点	本塁打
2015	-	-	-	-	-
通算	-	-	-	-	-

捕手 2 陳俊輝

ちん・しゅんき
チェン・ジュンフイ
1981.3.8 180cm/80kg
右投右打
経歴：嘉義大学-統一（05）

	打率	試合	安打	打点	本塁打
2015	.316	35	30	22	1
通算	.244	268	136	70	7

捕手 15 涂壯勳

と・そうくん
トゥ・ジュアンシュン
1982.7.26 181cm/88kg
右投右打
経歴：文化大学-統一（06）

	打率	試合	安打	打点	本塁打
2015	.190	15	4	1	0
通算	.212	281	116	44	3

捕手 29 郭峻偉

かく・しゅんい
クォ・ジュンウェイ
1992.7.18 176cm/81kg
右投右打
経歴：国立体大-統一（14）

	打率	試合	安打	打点	本塁打
2015	.083	5	1	0	0
通算	.083	5	1	0	0

捕手 32 王寶篁

おう・ほうこう
ワン・バオファン
1988.7.14 170cm/64kg
右投右打
経歴：文化大学-統一（12）

	打率	試合	安打	打点	本塁打
2015	-	-	-	-	-
通算	.429	6	3	1	0

捕手 34 高志綱

こう・しこう
ガオ・ジーガン
1981.2.7 178cm/75kg
右投右打
経歴：台湾体大-統一（05）

	打率	試合	安打	打点	本塁打
2015	.257	67	53	19	1
通算	.281	888	757	303	21

捕手 52 林志賢

りん・しけん
リン・ジーシェン
1992.6.23 175cm/90kg
右投右打
経歴：台湾体大-統一（15）

	打率	試合	安打	打点	本塁打
2015	.355	10	11	3	0
通算	.355	10	11	3	0

捕手 65 薛惟中

せつ・いちゅう
シュエ・ウェイジョン
1990.6.29 174cm/102kg
右投右打
経歴：高苑科大-統一（14）

	打率	試合	安打	打点	本塁打
2015	.100	12	2	0	0
通算	.095	13	2	0	0

捕手 66 徐政斌

じょ・せいひん
シュ・ジェンビン
1995.8.25 182cm/86kg
右投右打
経歴：屏東高中-統一（13）

	打率	試合	安打	打点	本塁打
2015	-	-	-	-	-
通算	-	-	-	-	-

内野手 3 劉育辰

りゅう・いくしん
リョウ・ユーチェン
1985.2.3 176cm/76kg
右投右打
経歴：文化大学-統一（09）

	打率	試合	安打	打点	本塁打
2015	.256	12	10	4	1
通算	.237	293	174	74	6

内野手 4 吳國豪

ご・こくごう
ウー・グォハオ
1996.1.9 174cm/70kg
右投右打
経歴：平鎮高中-統一（14）

	打率	試合	安打	打点	本塁打
2015	.000	6	0	0	0
通算	.000	6	0	0	0

内野手 5 郭阜林

かく・ふりん
グォ・フーリン
1991.1.7 181cm/90kg
右投右打
経歴：台湾体大-ヤンキース（09〜13）-統一（15）

	打率	試合	安打	打点	本塁打
2015	.235	25	20	9	4
通算	.235	25	20	9	4

内野手 7 李育儒

り・いくじゅ
リ・ユールー
1989.2.8 172cm/66kg
右投左打
経歴：輔仁大学-統一（12）

	打率	試合	安打	打点	本塁打
2015	-	5	1	0	0
通算	.138	120	21	6	0

内野手 9 周廣勝

しゅう・こうしょう
ジョウ・グァンシェン
1984.12.13 170cm/75kg
右投右打
経歴：台北体院-統一（10）

	打率	試合	安打	打点	本塁打
2015	.344	47	45	21	2
通算	.271	347	239	94	3

内野手 11 黃恩賜
こう・おんし
ホァン・エンス
1988.2.12 178cm/85kg
右投右打
経歴：国立体大-統一（12）

	打率	試合	安打	打点	本塁打
2015	.246	56	59	21	4
通算	.232	245	146	59	4

内野手 13 陳鏞基
ちん・ようき
チェン・ヨンジー
1983.7.13 179cm/83kg
右投右打
経歴：国立体大-マリナーズ（04-08）-アスレチックス（09-10）-パイレーツ（10）-統一（11）

	打率	試合	安打	打点	本塁打
2015	.287	97	92	48	12
通算	.300	471	515	255	42

内野手 21 楊家維
よう・かい
ヤン・ジャーウェイ
1995.8.3 175cm/80kg
右投右打
経歴：平鎮高中-統一（14）

	打率	試合	安打	打点	本塁打
2015	-	-	-	-	-
通算	.000	1	0	0	0

內野手 25 鄧志偉

とう・しい
デン・ジーウェイ
1988.9.15　188cm/104kg
右投左打
經歷：文化大學-統一
(12)

	打率	試合	安打	打點	本壘打
2015	.267	88	65	49	11
通算	.278	407	361	217	43

內野手 27 江亮緯

こう・りょうい
ジャン・リャンウェイ
1996.12.21　170cm/76kg
右投右打
經歷：南英商工-統一
(15)

	打率	試合	安打	打點	本壘打
2015	-	-	-	-	-
通算	-	-	-	-	-

內野手 35 蔡奕玄

さい・えきげん
ツァイ・イーシュエン
1994.5.14　182cm/76kg
右投右打
經歷：文化大學-統一
(15)

	打率	試合	安打	打點	本壘打
2015	-	-	-	-	-
通算	-	-	-	-	-

內野手 36 李文傑

り・ぶんけつ
リ・ウェンジェ
1994.9.27　170cm/73kg
右投右打
經歷：南英商工-統一
(13)

	打率	試合	安打	打點	本壘打
2015	-	-	-	-	-
通算	-	-	-	-	-

內野手 49 張泰山

ちょう・たいさん
ジャン・タイシャン
1976.10.31　175cm/95kg
右投右打
經歷：美和中學-味全(96-99)-興農(00-10)-統一(11)

	打率	試合	安打	打點	本壘打
2015	.285	46	45	20	3
通算	.307	1862	2134	1338	289

內野手 50 買嘉儀

ばい・かぎ
マイ・ジャーイー
1986.1.17　181cm/83kg
右投右打
經歷：國立體大-統一
(10)

	打率	試合	安打	打點	本壘打
2015	.278	72	59	31	4
通算	.278	72	59	31	4

內野手 68 高國慶

こう・こくけい
ガオ・グオチン
1978.10.6　181cm/93kg
右投右打
經歷：台灣體大-統一
(04)

	打率	試合	安打	打點	本壘打
2015	.328	90	113	57	5
通算	.304	1195	1355	670	101

內野手 69 林志祥

りん・ししょう
リン・ジーシャン
1987.3.8　173cm/74kg
右投右打
經歷：文化大學-統一
(11)

	打率	試合	安打	打點	本壘打
2015	.304	98	128	49	3
通算	.299	477	511	185	7

外野手 6 唐肇廷

とう・ちょうてい
タン・ジャオティン
1987.10.12　180cm/85kg
右投左打
經歷：國立體大-タイガース(08-10)-統一
(13)

	打率	試合	安打	打點	本壘打
2015	.331	42	39	10	2
通算	.276	237	198	69	6

外野手 8 羅國龍

ら・こくりゅう
ルオ・グォロン
1989.6.24　176cm/78kg
右投右打
經歷：台北體院-統一
(14)

	打率	試合	安打	打點	本壘打
2015	.317	88	96	36	2
通算	.305	140	138	50	2

外野手 20 郭俊佑

かく・しゅんゆう
グォ・ジュンヨウ
1984.4.20　177cm/90kg
右投右打
經歷：台灣體大-統一
(08)

	打率	試合	安打	打點	本壘打
2015	.264	34	23	12	1
通算	.244	418	272	143	33

外野手 24 郭岱琦

かく・たいき
グォ・ダイチ
1981.10.16　180cm/78kg
右投右打
經歷：台北體院-統一
(05)

	打率	試合	安打	打點	本壘打
2015	.228	46	33	25	6
通算	.264	816	587	347	66

外野手 55 潘武雄

はん・ぶゆう
パン・ウーション
1981.3.11　178cm/82kg
左投左打
經歷：美和中學-統一
(06)

	打率	試合	安打	打點	本壘打
2015	.300	57	61	32	12
通算	.325	709	785	403	66

外野手 56 劉芙豪

りゅう・ふごう
リョウ・フーハオ
1978.11.14　180cm/77kg
右投右打
經歷：台北體院-統一
(04)

	打率	試合	安打	打點	本壘打
2015	.275	60	53	15	
通算	.276	1114	1004	508	97

外野手 57 張竣凱

ちょう・しゅんがい
ジャン・ジュンカイ
1994.12.5　184cm/81kg
右投右打
經歷：南英商工-統一
(13)

	打率	試合	安打	打點	本壘打
2015	-	-	-	-	-
通算	-	-	-	-	-

外野手 58 方昶詠

ほう・ちょうえい
ファン・チャンヨン
1990.1.29　187cm/80kg
右投右打
經歷：嘉義大學-統一
(14)

	打率	試合	安打	打點	本壘打
2015	.333	36	36	13	0
通算	.306	54	41	16	0

外野手 59 莊駿凱

そう・しゅんがい
ジュアン・ジュンカイ
1991.12.15　170cm/68kg
右投右打
經歷：長榮大學-統一
(15)

	打率	試合	安打	打點	本壘打
2015	-	-	-	-	-
通算	-	-	-	-	-

外野手 61 朱元勤

しゅ・げんきん
ジュ・ユエンチン
1986.7.17　179cm/82kg
右投右打
經歷：國立體大-統一
(11)

	打率	試合	安打	打點	本壘打
2015	.278	68	67	24	3
通算	.261	248	154	56	7

Lamigoモンキーズ
Lamigo桃猿

Lamigoモンキーズ
ラミゴ タオユエン

球団情報	大高熊育樂股份有限公司

球団情報
大高熊育樂股份有限公司
創立：2003年12月27日　GM：劉玠廷　本拠地：桃園国際棒球場
球団事務所：桃園市中壢区領航北路一段1號　TEL：03-425-0927
http://www.lamigo-monkeys.com.tw

2015年シーズン回顧

先発陣は蘭斯佛、王溢正が二けた勝利を挙げるも、昨年リーグ1位の防御率をマークした救援陣では柱である陳禹勳、黃偉晟などが軒並み不振で、固定できたのは今年から抑え転向の林柏佑だけだった。そのような中でも2年連続でシーズン1位を成し遂げたのは20本塁打以上が3人も並ぶ強力打線があってこそだ。リーグ断トツの盗塁数と機動力も加わり、圧倒的な攻撃力は他球団にとって脅威だった。

マスコット　猿氣小子

チアリーダー　LamiGirls

写真は2014年のメンバー

Lamigoモンキーズ ラミゴ タオユエン

年度別成績

年度	順位	チーム名	試合	勝	敗	分	勝率
2003	6	第一金剛	100	20	71	9	.219
2004	6	La newベアーズ	100	40	56	4	.417
2005	6	La newベアーズ	100	42	55	3	.433
2006	★1	La newベアーズ	100	62	34	4	.646
2007	2	La newベアーズ	100	58	42	0	.580
2008	2	La newベアーズ	100	61	35	4	.635
2009	2	La newベアーズ	120	61	58	1	.513
2010	3	La newベアーズ	120	55	62	3	.470
2011	1	Lamigoモンキーズ	120	66	52	2	.559
2012	★2	Lamigoモンキーズ	120	66	52	2	.559
2013	3	Lamigoモンキーズ	120	58	60	2	.492
2014	★1	Lamigoモンキーズ	120	66	51	3	.564
2015	※	Lamigoモンキーズ	111	64	47	0	.577
通算			1431	719	675	37	.516

※2015年と通算は9月27日時点の成績

球団小史■1997年から2002年まで存在したプロリーグ「台湾大聯盟（TML）」加盟球団の流れをくみ、現存する唯一の球団。CPBL1年目はチーム名を第一金剛としたが、04年からはLa newに譲渡されLa newベアーズとなった。06年に初優勝すると、その後は上位をキープ。11年にチーム名をLamigoモンキーズに改称し、本拠地を澄清湖から桃園に移転した。近年はファンサービスに改革をもたらし、高い人気を集めている。

ここから飛び立つ球界の新文化
桃園国際棒球場
とうえんこくさいきゅうじょう
タオユエングォジー バンチョウチャン

住所：桃園市中壢区領航北路一段1号
TEL：03-425-0927
収容人員：20,000人
天然芝
中堅：122m（400ft）　両翼：101m（330ft）

地下鉄開通でアクセス◎

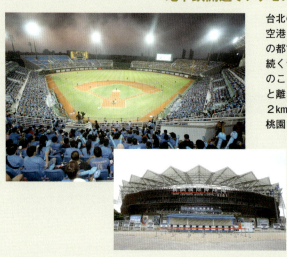

台北の西、約30kmに位置する桃園市は、国際空港があることで知られる、人口約205万人の都市。台湾有数の工業地帯であり、発展が続く台北のベッドタウンだ。Lamigoの本拠地のこの球場は、市中心部からは西に約11kmと離れているが、高速鉄道の桃園駅からは約2kmと近い。また2016年春には台北市内から桃園を結ぶ地下鉄が開通。球場横に駅が開設されるため、より利便性の高い球場となる。球場外観は壁面を千本格子風に木材が覆う、おしゃれで独創的な作り。隣には桃園球場と同サイズのフィールドを持つ、青埔運動公園棒球場がありサブグラウンド的な役割を果たしている。プレミア12では日本戦3試合などが予定されている。

ショップはおしゃれな店構え

座席が水色に統一され、爽やかな印象があるこの球場は、飲食、グッズともに常設の店舗が充実している。洋服屋さんを思わせるようなグッズショップに、デパ地下のように並ぶ、軽食類の数々。内野上段のベーカリーではケーキも販売されている。また広い授乳室や子供が遊べるキッズルーム、バックネット裏の飛行機型ゴンドラなど、他球場には見られないものがここには集まっている。

桃園国際棒球場　周辺地図

アクセス

要チェック!!

国際空港から近く、台湾を縦断する高速鉄道の駅も近隣。そして2016年春には地下鉄の開通により台北からのアクセスも良くなるので、国内外、どこからでも訪れやすい球場になります。

台北から桃園市内へ。
・高速鉄道（高鉄）で高鉄桃園駅まで約19分。
・鉄道（台鉄）で台鉄桃園駅まで約35分。

桃園市内から球場へ
・高鉄桃園駅からタクシーで約10分。台鉄中壢駅からタクシーで約15分。2016年春、桃園空港MRTが開通すると、台北駅と桃園空港、高鉄桃園駅、桃園球場が1本で繋がり、アクセスが飛躍的に向上する。

現地ブロガーおススメ！

桃園国際棒球場
球場周辺グルメガイド

ブロガー：Winnie
ブログ：Winnie的祕密花園
http://blog.yam.com/winniea

包好甲超大葱焼包
桃園市中壢区実践路86号　03-436-9095
営業時間／12：00〜21：30

編集者もおススメ！

中原夜市で人気の肉まん・葱焼包は、肉まんと言っても生地はパンのようにしっかりとしていて、焼き目がついています。野球のボールくらいの大きさのこの肉まんを２つに割ると、中からはジュワーっと肉汁たっぷり。濃い目に味付けなのに後味はさっぱりしています。ボリュームたっぷりでお値段は30元（約108円）。クセになる味です。

車車火鍋賽車主題餐廳
桃園市中壢区中美路一段12号４楼　03-427-2203
営業時間／11：30〜14：00　17：30〜21：00

このお店はアメリカンスタイルのカーレースをイメージした内容で、子供が遊べるキッズコーナーもあります。料理はというと店内のイメージとは関係なく火鍋の専門店。スタンダードなメニューの他に、牛乳をベースに濃厚なチーズとローズマリーを加えた「チーズミルク鍋」がお勧めです。魚介類やお肉、野菜を入れてどうぞ。

HOUSE+CAFE
桃園市中壢区正大街32号
03-281-1910
営業時間／11：30〜22：00

大きな窓から光が差し込み、ロマンティックな雰囲気が漂うカフェです。カフェと言ってもしっかりと食べられるこのお店。メインメニューに加えて、セットメニューを選ぶとパスタとサラダ、スープ、ドリンクがプラスされます。ファミリーにはお子様セットがお勧め。野菜とフルーツが付いてきます。

2015選手名鑑

Lamigo モンキーズ

凡例

ラミゴ タオユエン

監督

洪一中 [2]
こう・いっちゅう
ホン・イジョン
1961.5.14　172cm/79kg
右投右打

経歴：文化大学-兄弟(90-96)-TML高屏雷公(97-02)-La newコーチ(04)-La new監督(04-09)-La newコーチ(10)-Lamigo監督(11)

ヘッド兼外野守備コーチ	56 林振賢 1960.9.2　180cm/80kg	トレーニングコーチ	42 洪全億 1982.11.1　168cm/70kg
投手コーチ	3 呉俊良 1974.3.13　181cm/91kg	二軍監督	93 郭建霖 1965.5.21　175cm/78kg
打撃コーチ	66 曾豪駒 1979.11.27　182cm/86kg	投手コーチ	83 曾翊誠 1968.11.9　180cm/83kg
内野コーチ	63 蔡昱詳(蔡泓澤) 1969.9.7　184cm/95kg	打撃コーチ	69 陳該發 1968.11.9　180cm/83kg
バッテリーコーチ	22 劉家豪 1984.5.28　172cm/79kg	トレーニングコーチ	53 杜正文 1978.8.31　173cm/92kg
トレーニングコーチ	59 劉品辰 1981.6.18　165cm/64kg		

投手

明星 [5]
パット・ミシュ
ミンシン
1981.8.18　188cm/86kg
左投左打

経歴：ジャイアンツ(03-09)-メッツ(09-11)-フィリーズ(12)-タイガース(13)-マーリンズ(15)-米独立L(15)-Lamigo(15)

	防御率	勝利	敗戦	セーブ	三振
2015	3.21	5	1	0	44
通算	3.21	5	1	0	44

頼達官 [12]
らい・たつかん
ライ・ダグァン
1994.12.21　178cm/92kg
右投右打

経歴：高苑工商-Lamigo(13)

	防御率	勝利	敗戦	セーブ	三振
2015					
通算					

洪聖欽 [13]
こう・せいきん
ホン・シェンチン
1990.11.15　183cm/85kg
右投右打

経歴：台湾体大-パイレーツ(09-10)-Lamigo(14)

	防御率	勝利	敗戦	セーブ	三振
2015	6.19	1	1	0	14
通算	4.15	2	1	0	20

陳子生 [14]
ちん・しせい
チェン・ズーシェン
1985.10.22　182cm/84kg
右投右打

経歴：環球技術学院-La new(10)-Lamigo(11)

	防御率	勝利	敗戦	セーブ	三振
2015	7.04	0	1	0	0
通算	4.30	4	7	2	64

蘭斯佛 [15]
ジャレッド・ランスフォード
ランスフォ
1986.10.12　190cm/95kg
右投右打

経歴：アスレチックス(05-11)-米独立L(12-14)-Lamigo(15)

	防御率	勝利	敗戦	セーブ	三振
2015	4.15	15	7	0	98
通算	4.15	15	7	0	98

許銘傑 [16]
きょ・めいけつ
シュ・ミンジェ
1976.12.1　182cm/95kg
右投右打

経歴：中正高工-TML台中金剛(98-99)-西武(00-11)-オリックス(12-13)-Lamigo(14)

NPBでの登録名：ミンチェ

	防御率	勝利	敗戦	セーブ	三振
2015	4.31	4	2	0	39
通算	4.05	11	7	0	100

鄭承浩 [17]
てい・しょうこう
ジェン・チェンハオ
1987.5.20　181cm/80kg
左投左打

経歴：立徳大学-Lamigo(11)

	防御率	勝利	敗戦	セーブ	三振
2015	5.02	2	0	2	12
通算	5.23	18	18	5	155

王豊鑫 [18]
おう・ほうきん
ワン・フォンシン
1983.3.4　177cm/82kg
右投右打

経歴：嘉義大学-TML高屏雷公(01-02)-La new(08-10)-Lamigo(11)

	防御率	勝利	敗戦	セーブ	三振
2015	5.65	0	0	4	
通算	4.44	20	20	2	185

洪宸宇 [19]
こう・しんう
ホン・チェンユ
1989.3.27　175cm/97kg
左投左打

経歴：文化大学-Lamigo(12)

	防御率	勝利	敗戦	セーブ	三振
2015	14.73	0	0	0	2
通算	14.73	0	0	0	2

投手

陳禹勳 20
ちん・うくん
チェン・ユーシュン
1989.5.20　182cm/88kg
右投右打
経歴：台北體院-Lamigo
(14)

	防御率	勝利	敗戦	セーブ	三振
2015	5.21	2	7	4	31
通算	4.21	10	16	5	90

王溢正 32
おう・いつせい
ワン・イージェン
1985.10.9　190cm/84kg
左投左打
経歴：文化大学-DeNA
(10-13)-Lamigo (13)

	防御率	勝利	敗戦	セーブ	三振
2015	6.23	11	6	0	88
通算	4.65	21	10	0	197

NPBでの登録名：ワン・イイゼン

曾琮萱 34
そう・そうけん
ツェン・ツォンシュエン
1987.10.1　183cm/90kg
右投右打
経歴：文化大学-Lamigo
(13)

	防御率	勝利	敗戦	セーブ	三振
2015	-	-	-	-	-
通算	6.75	0	3	1	13

郭駿傑 35
かく・しゅんけつ
グォ・ジュンジェ
1987.2.11　181cm/90kg
右投右打
経歴：台北體院-Lamigo
(11)

	防御率	勝利	敗戦	セーブ	三振
2015	9.00	0	0	0	0
通算	4.50	2	2	0	35

陳敏賜 37
ちん・びんし
チェン・ミンツ
1989.12.6　191cm/96kg
右投右打
経歴：台湾體大-マリナーズ (10-14)-豪州L
(13)-Lamigo (15)

	防御率	勝利	敗戦	セーブ	三振
2015	-	-	-	-	-
通算	-	-	-	-	-

曾孟承 39
そう・もうしょう
ツェン・モンチェン
1980.10.31　177cm/80kg
右投右打
経歴：嘉義大学-中信W (04-08)-La new
(09-10)-Lamigo (11)

	防御率	勝利	敗戦	セーブ	三振
2015	7.26	3	1	1	29
通算	3.75	46	48	7	439

黃中辰 40
こう・ちゅうしん
ホァン・ジョンチェン
1987.10.20　187cm/100kg
右投右打
経歴：台湾體大-Lamigo
(12)

	防御率	勝利	敗戦	セーブ	三振
2015	27.00	0	0	0	0
通算	5.06	2	2	0	20

王躍霖 41
おう・やくりん
ワン・ヤオリン
1991.2.5　184cm/94kg
右投右打
経歴：台湾體大-カブス
(09-14)-Lamigo (15)

	防御率	勝利	敗戦	セーブ	三振
2015	5.11	0	0	0	10
通算	5.11	0	0	0	10

瓦德茲 43
セサル・バルデス
ワデズ
1985.3.17　188cm/90kg
右投右打
経歴：ダイヤモンドバックス (10)-パイレーツ
(11)-マーリンズ (11)
-Lamigo (15)

	防御率	勝利	敗戦	セーブ	三振
2015	4.42	2	2	0	32
通算	4.42	2	2	0	32

黃偉晟 44
こう・いせい
ホァン・ウェイチェン
1990.3.6　180cm/94kg
右投右打
経歴：国立體大-ブレーブス (08-11)-義大 (13)
-Lamigo (14)

	防御率	勝利	敗戦	セーブ	三振
2015	5.57	2	3	2	21
通算	4.36	6	3	2	45

朱俊祥 46
しゅ・しゅんしょう
ジュ・ジュンシャン
1995.4.15　175cm/70kg
右投左打
経歴：台中高農-Lamigo
(13)

	防御率	勝利	敗戦	セーブ	三振
2015	-	-	-	-	-
通算	3.03	4	1	1	32

張明翔 49
ちょう・めいしょう
ジャン・ミンシャン
1996.10.4　183cm/78kg
右投左打
経歴：平鎮高中-Lamigo
(15)

	防御率	勝利	敗戦	セーブ	三振
2015	-	-	-	-	-
通算	-	-	-	-	-

蔡璟豪 50
さい・えいごう
ツァイ・ジンハオ
1987.6.1　185cm/92kg
右投右打
経歴：国立體大-統一
(11-13)-Lamigo (14)

	防御率	勝利	敗戦	セーブ	三振
2015	10.61	0	0	0	9
通算	5.81	7	10	0	116

蘇俊羽 58
そ・しゅんう
ス・ジュンユ
1996.10.30　178cm/65kg
右投右打
経歴：平鎮高中-Lamigo
(15)

	防御率	勝利	敗戦	セーブ	三振
2015	-	-	-	-	-
通算	-	-	-	-	-

王詮宏 65
おう・せんこう
ワン・チュエンホン
1997.1.1　188cm/85kg
右投右打
経歴：東石高中-Lamigo
(15)

	防御率	勝利	敗戦	セーブ	三振
2015	-	-	-	-	-
通算	-	-	-	-	-

林宗緯 67
りん・そうい
リン・ゾンウェイ
1996.12.26　172cm/65kg
左投左打
経歴：東石高中-Lamigo
(15)

	防御率	勝利	敗戦	セーブ	三振
2015	-	-	-	-	-
通算	-	-	-	-	-

郭文凱 68
かく・ぶんがい
グォ・ウェンカイ
1988.1.3　179cm/82kg
右投右打
経歴：南英商工-Lamigo
(13)

	防御率	勝利	敗戦	セーブ	三振
2015	-	-	-	-	-
通算	7.30	0	0	1	27

林國裕 71
りん・こくゆう
リン・グォユ
1989.12.13　181cm/85kg
右投右打
経歴：文化大学-Lamigo
(14)

	防御率	勝利	敗戦	セーブ	三振
2015	6.07	2	0	0	18
通算	5.31	5	0	0	52

投手 75 葉文淇
よう・ぶんき
イェ・ウェンチ
1997.5.23　179cm/71kg
左投左打
経歴：平鎮高中-Lamigo(15)

	防御率	勝利	敗戦	セーブ	三振
2015	-	-	-	-	-
通算	-	-	-	-	-

投手 81 林柏佑
りん・はくゆう
リン・ボヨウ
1986.9.16　183cm/91kg
右投右打
経歴：台湾体大-ホワイトソックス(07-08)-Lamigo(13)

	防御率	勝利	敗戦	セーブ	三振
2015	3.57	4	2	12	44
通算	4.04	10	6	12	143

投手 86 林樺慶
りん・かけい
リン・ホァチン
1994.10.3　186cm/85kg
右投右打
経歴：高苑工商-Lamigo(14)

	防御率	勝利	敗戦	セーブ	三振
2015	5.40	0	0	0	14
通算	4.55	0	0	0	16

Lamigoモンキーズ　ラミゴ タオユエン

投手 92 許銘傑
きょ・めいしょう
シュ・ミンジェ
1985.4.10　184cm/88kg
右投右打
経歴：台湾体大-La new(09-10)-Lamigo(11)

	防御率	勝利	敗戦	セーブ	三振
2015	27.00	0	0	0	1
通算	2.78	10	11	51	202

捕手 11 林泓育
りん・おういく
リン・ホンユー
1986.3.21　181cm/103kg
右投右打
経歴：文化大学-La new(10)-Lamigo(11)

	打率	試合	安打	打点	本塁打
2015	.354	110	143	97	23
通算	.324	609	727	453	87

捕手 27 黄浩然
こう・こうぜん
ホァン・ハオラン
1982.2.13　180cm/85kg
右投右打
経歴：台北体院-誠泰(06-07)-米迪亞(08)-La new(09-10)-Lamigo(11)

	打率	試合	安打	打点	本塁打
2015	.258	80	59	32	4
通算	.247	541	338	157	14

捕手 47 許禹壕
きょ・うごう
シュ・ユーハオ
1994.11.29　178cm/86kg
右投右打
経歴：美和中学-Lamigo(14)

	打率	試合	安打	打点	本塁打
2015	-	-	-	-	-
通算	-	-	-	-	-

捕手 60 劉時豪
りゅう・しごう
リョウ・シハオ
1991.3.21　166cm/90kg
右投右打
経歴：台湾体大-Lamigo(14)

	打率	試合	安打	打点	本塁打
2015	.252	63	32	12	1
通算	.260	124	63	22	1

捕手 62 嚴宏鈞
げん・こうきん
イェン・ホンジュン
1997.4.30　165cm/70kg
右投右打
経歴：美和中学-Lamigo(15)

	打率	試合	安打	打点	本塁打
2015	-	-	-	-	-
通算	-	-	-	-	-

捕手 70 許躍騰
きょ・やくとう
シュ・ヤオテン
1988.6.21　178cm/85kg
右投右打
経歴：国立体大-Lamigo(12)

	打率	試合	安打	打点	本塁打
2015	.000	1	0	0	0
通算	.276	16	8	1	0

内野手 00 翁克堯
おう・こくぎょう
ウェン・ケーヤオ
1988.2.15　180cm/81kg
右投右打
経歴：嘉薬科大-Lamigo(12)

	打率	試合	安打	打点	本塁打
2015	.083	1	1	0	0
通算	.197	37	14	7	0

内野手 1 葉竹軒
よう・ちくけん
イェ・ジューシュエン
1987.3.29　172cm/84kg
右投右打
経歴：国立体大-Lamigo(11)

	打率	試合	安打	打点	本塁打
2015	-	9	0	0	0
通算	.253	259	134	71	8

内野手 6 林承飛
りん・しょうひ
リン・チェンフェイ
1997.4.8　178cm/78kg
右投右打
経歴：平鎮高中-Lamigo(15)

	打率	試合	安打	打点	本塁打
2015	-	-	-	-	-
通算	-	-	-	-	-

内野手 7 郭永維
かく・えいい
グォ・ヨンウェイ
1988.4.13　175cm/75kg
右投右打
経歴：嘉薬科大-Lamigo(11)

	打率	試合	安打	打点	本塁打
2015	.286	66	30	9	1
通算	.272	326	242	78	1

内野手 21 郭嚴文
かく・げんぶん
グォ・イェンウェン
1988.10.25　179cm/86kg
右投右打
経歴：国立体大-レッズ(08-10)-Lamigo(11)

	打率	試合	安打	打点	本塁打
2015	.300	103	121	71	9
通算	.296	505	543	279	40

内野手 24 郭修延
かく・しゅうえん
グォ・ショウイェン
1986.6.9　175cm/75kg
右投右打
経歴：強恕中学-Lamigo(13)

	打率	試合	安打	打点	本塁打
2015	.245	19	12	6	0
通算	.275	119	95	37	1

内野手 28 董子浩
とう・しこう
ドン・ズーハオ
1996.8.11　183cm/88kg
右投左打
経歴：西苑中学-Lamigo(14)

	打率	試合	安打	打点	本塁打
2015	-	-	-	-	-
通算	-	-	-	-	-

内野手 29 陳俊秀
ちん・しゅんしゅう
チェン・ジュンショウ
1988.11.1　183cm/97kg
右投右打
経歴：国立体大-インディアンス(08-13)-米独立L(14)-Lamigo(14)

	打率	試合	安打	打点	本塁打
2015	.335	104	130	109	21
通算	.319	130	151	117	23

内野手 31 林智勝

りん・ちしょう
リン・ジーシェン
1982.1.1 183cm/100kg
右投右打
経歴：善化高中-La new
(04-10) -Lamigo (11)

	打率	試合	安打	打点	本塁打
2015	.382	101	144	113	29
通算	.318	1069	1279	844	205

内野手 51 陳雁風

ちん・がんふう
チェン・イェンフォン
1986.8.22 179cm/81kg
右投右打
経歴：台北体院-La new
(10) -Lamigo (11)

	打率	試合	安打	打点	本塁打
2015	.256	32	10	5	1
通算	.243	353	224	79	2

内野手 72 張偉謙

ちょう・いけん
ジャン・ウェイチェン
1995.11.17 175cm/65kg
右投右打
経歴：桃園農工-Lamigo
(14)

	打率	試合	安打	打点	本塁打
2015	-	-	-	-	-
通算	-	-	-	-	-

内野手 79 林智平

りん・ちへい
リン・ジーピン
1985.3.23 178cm/77kg
右投右打
経歴：文化大学-La new
(09-10) -Lamigo (11)

	打率	試合	安打	打点	本塁打
2015	.304	100	109	38	3
通算	.279	651	592	210	6

内野手 97 梁家榮

りょう・かえい
リャン・ジャーロン
1995.3.25 180cm/90kg
右投右打
経歴：高苑工商-Lamigo
(13)

	打率	試合	安打	打点	本塁打
2015	.271	27	16	5	0
通算	.243	42	25	8	0

外野手 8 詹智堯

せん・ちぎょう
ジャン・ジーヤオ
1983.1.2 178cm/83kg
左投左打
経歴：台湾体大-La new
(09-10) -Lamigo (11)

	打率	試合	安打	打点	本塁打
2015	.277	104	101	30	3
通算	.283	687	633	221	12

外野手 9 王柏融

おう・はくゆう
ワン・ボーロン
1993.9.9 181cm/90kg
右投左打
経歴：文化大学-Lamigo
(15)

	打率	試合	安打	打点	本塁打
2015	.375	20	30	24	8
通算	.375	20	30	24	8

外野手 23 陽耀勲

よう・ようくん
ヤン・ヤオシュン
1983.1.22 178cm/90kg
左投左打
経歴：文化大学-ソフトバンク (06-13) -パイレーツ (14) -Lamigo (15)
NPBでの登録名：ヤン・ヤオシュン

	打率	試合	安打	打点	本塁打
2015	.423	20	30	7	0
通算	.423	20	30	7	0

外野手 25 蔡建偉

さい・けいい
ツァイ・ジェンウェイ
1980.3.29 179cm/91kg
左投左打
経歴：台北体院-La new
(04-10) -Lamigo (11)

	打率	試合	安打	打点	本塁打
2015	.237	48	22	13	1
通算	.256	792	524	217	14

外野手 33 謝炫任

しゃ・げんにん
シェ・シュエンレン
1986.2.6 176cm/72kg
左投左打
経歴：開南大学-Lamigo
(11)

	打率	試合	安打	打点	本塁打
2015	-	-	-	-	-
通算	.294	158	106	38	1

外野手 52 陳金鋒

ちん・きんぽう
チェン・ジンフォン
1977.10.28 183cm/90kg
右投右打
経歴：中華中学-ドジャース (99-05) -La new (06-10) -Lamigo (11)

	打率	試合	安打	打点	本塁打
2015	.237	36	9	7	0
通算	.305	680	685	445	119

外野手 55 陳冠任

ちん・かんにん
チェン・グァンレン
1982.4.15 175cm/88kg
右投左打
経歴：台北体院-兄弟
(06-11) -Lamigo (12)

	打率	試合	安打	打点	本塁打
2015	.351	42	39	10	3
通算	.331	770	921	445	33

外野手 57 鍾承祐

しょう・しょうゆう
ジョン・チェンヨウ
1985.1.31 180cm/82kg
右投右打
経歴：国立体大-La new
(08-10) -Lamigo (11)

	打率	試合	安打	打点	本塁打
2015	.276	57	47	22	4
通算	.285	715	701	362	56

外野手 61 余德龍

よ・とくりゅう
ユ・デーロン
1988.6.12 180cm/80kg
右投右打
経歴：嘉義大学-Lamigo
(12)

	打率	試合	安打	打点	本塁打
2015	.299	91	98	33	1
通算	.279	384	314	119	2

外野手 82 李國生

り・こくせい
リ・グォシェン
1989.10.31 178cm/85kg
右投右打
経歴：台湾体大-Lamigo
(14)

	打率	試合	安打	打点	本塁打
2015	.400	5	2	0	0
通算	.400	5	2	0	0

外野手 88 藍寅倫

らん・いんりん
ラン・インルン
1990.5.7 180cm/87kg
右投左打
経歴：高苑科大-Lamigo
(14)

	打率	試合	安打	打点	本塁打
2015	.317	47	40	15	1
通算	.333	135	134	53	5

外野手 96 紀品宏

き・ひんこう
ジ・ピンホン
1991.7.1 170cm/63kg
右投左打
経歴：呉鳳科大-パイレーツ (09-11) -Lamigo (14)

	打率	試合	安打	打点	本塁打
2015	.300	3	3	0	0
通算	.250	7	7	0	0

外野手 99 林政億

りん・せいおく
リン・ジェンイ
1986.12.5 185cm/85kg
右投右打
経歴：輔仁大学-Lamigo
(11)

	打率	試合	安打	打点	本塁打
2015	.306	19	15	6	0
通算	.242	127	56	24	1

義大ライノス
義大犀牛

義大ライノス
イーダー シーニョウ

球団情報

義大職棒事業股份有限公司
創立：2012年12月17日　GM：謝秉育　本拠地：高雄市澄清湖棒球場
球団事務所：高雄市大樹區義大七街40號　TEL：07-656-8007
http://www.eda-rhinos.com.tw

2015年シーズン回顧

前期は5月末時点で首位Lamigoと2.5ゲーム差の2位につけるも6月に突き放されると、後期は一度も貯金を作れなかった。打線は1〜5番の上位、中軸は率と長打力共に脅威だった一方で、6番以降の下位打線が迫力不足だった。先発陣は台湾球界3年目の羅力、希克の外国人コンビが健闘するも、計算できる台湾人先発投手の不在が深刻で、救援陣も抑えの羅嘉仁の不振などで安定感を欠いた。

マスコット　大義＆唐基

チアリーダー　Rhino Angels

写真は2014年のメンバー

年度別成績

年度	順位	チーム名	試合	勝	敗	分	勝率
1993	4	俊國ベアーズ	90	40	47	3	.460
1994	6	俊國ベアーズ	90	29	59	2	.330
1995	6	俊國ベアーズ	100	40	58	2	.408
1996	6	興農ベアーズ/興農ブルズ	100	28	69	3	.289
1997	5	興農ブルズ	96	45	48	3	.484
1998	1	興農ブルズ	105	58	45	2	.563
1999	6	興農ブルズ	93	30	61	2	.330
2000	1	興農ブルズ	90	51	38	1	.573
2001	4	興農ブルズ	90	34	51	5	.400
2002	3	興農ブルズ	90	44	45	1	.494
2003	2	興農ブルズ	100	62	32	6	.659
2004	★2	興農ブルズ	100	52	43	5	.547
2005	★1	興農ブルズ	101	53	42	6	.557
2006	3	興農ブルズ	100	48	49	3	.495
2007	6	興農ブルズ	100	42	57	1	.424
2008	6	興農ブルズ	100	37	62	1	.374
2009	3	興農ブルズ	120	57	60	3	.487
2010	1	興農ブルズ	120	65	53	2	.551
2011	4	興農ブルズ	120	45	72	3	.385
2012	4	興農ブルズ	120	38	77	5	.330
2013	2	義大ライノス	120	62	57	1	.521
2014	3	義大ライノス	120	58	60	2	.492
2015	※	義大ライノス	109	50	58	1	.463
通算			2374	1068	1243	63	.462

※2015年と通算は9月27日時点の成績

義大ライノス イーダーシーニョウ

球団小史 1992年に行われたバルセロナ五輪の銀メダルメンバーを中心に編成され、翌93年に誕生した球団、俊国ベアーズが前身。96年に興農グループに売却され、興農ベアーズとなり、同年後期からは興農ブルズに改称した。04、05年に優勝し、初開催されたアジアシリーズに台湾代表として出場している。13年からは高雄市を拠点とする義聯グループが球団を保有。澄清湖を本拠地とする義大ライノスとなった。

湖のほとりの開放感
高雄市澄清湖棒球場
たかおしちょうせいこきゅうじょう
ガオションシー チェンチンフー バンチョウチャン

住所：高雄市鳥松区鳥松里大埤路113号
TEL：07-733-6497
収容人員：20,000人
天然芝
中堅：122m（400ft）　両翼：100m（328ft）

台湾南部の大球場

台北の南西、約295kmにある台湾南部の大都市・高雄。約278万人が暮らす高雄は、港を中心とした活気あふれる街として知られている。台北が始発駅の高速鉄道は高雄の左営駅が終着駅。高雄空港には日本からの直行便もあり、この地は台湾の南の玄関口となっている。澄清湖棒球場は市中心部の東、約6kmのところに位置。その名が示す通り、澄清湖という人造湖のほとりにある。その風光明媚な湖畔は三塁側の通路から拝むことが出来る。この球場は完成まで3年の歳月を費やした台湾屈指の大型球場で、竣工は1999年。2013年から義大ライノスの本拠地として使用されている。

広々として快適なスタンド

2万人収容のこの球場は、日本の球場のような風格と、地方球場ののどかさが同居したような雰囲気がある。座席は内外野ともに背もたれがあり、通路も広々としている。場内の通路もゆとりがあり、常設、ワゴンともお店が充実。飲食物やグッズを楽しく選ぶことができる。特にフルーツ系や紅茶類など飲み物が多彩なのが台湾の特徴だ。

高雄市澄清湖棒球場　周辺地図

アクセス

台北から高雄市内へ
・高速鉄道（高鉄）で高鉄左営駅まで1時間30分〜2時間。
・在来線（台鉄）の特急で台鉄高雄駅まで約4時間25分。

高雄市内から球場へ
・試合開催時には地下鉄衛武営駅などからシャトルバスあり。
・高鉄左営（高雄）駅、台鉄高雄駅からタクシーでそれぞれ約20分。

要チェック!!
高鉄の終着駅・左営駅から高雄の中心・台鉄の高雄駅までは地下鉄で5駅、約10分。澄清湖棒球場はそのルートの中間から東に位置するので、球場と観光エリアの移動がスムーズに出来ます。

義大ライノス　イーダー シーニョウ

現地ブロガーおススメ！
高雄市澄清湖棒球場
球場周辺グルメガイド

ブロガー：郭小寶
ブログ：郭小寶の爆肝食況轉播頻道
http://bow.foxpro.com.tw/

仁武烤鴨
高雄市仁武区鳳仁路95-21号　07-371-9315
営業時間／14：00～20：00（月～金）10：00～20：00（土曜日）

球場近隣で人気のアヒルの丸焼きのお店です。行列必至ですが並ぶ価値あり。夕方5時頃には完売してしまうこともあるのでご注意ください。アヒルの肉以外では冷やし塩豚足の「酔元宝」がお勧め。皮に弾力があって、噛むとプチっと冷たく弾ける食感はやみつきになってしまう程です。

舊市羊肉
高雄市鳥松区大埤路21-1　07-735-4303
営業時間／11：30～23：00

体を温める食材として知られるヤギのお肉。このお店では熱い鍋に5～8秒くぐらせて食べるのが人気の食べ方で、選手たちにも評判です。また内臓を使った炒め物も人気の一品。こちらでは臭みの少ない肉を使っています。球場から徒歩10分くらいなので、試合後に野球談議をしながら鍋を突っつくのにお勧めです。

阿婆仔麺
高雄市鳳山区鳳松路392号　07-733-3136
営業時間／11：00～14：00　17：00～19：30

昔から知られる麺料理の老舗。太くてコシのある麺に油だれが絡み合ってクセになる味です。このお店は野菜や肉などをしょうゆと砂糖で煮込んだ「滷味」の種類が豊富。好きな滷味を選んで麺と一緒に食べてください。メニューは麺類だけ。麺の量は選ぶことが出来ます。試合前の腹ごしらえにどうぞ。

2015選手名鑑

義大ライノス

凡例: 顔写真 途中入団者は写真無し / ポジション 漢字名 日本語読み 現地読み 0 背番号 / 生年月日 身長/体重 投打 / 経歴:…… アメリカマイナーリーグ経験者は在籍球団の親チームを記載 / 防御率 勝利 敗戦 セーブ 三振 / 2015 / 通算 / NPBでの登録名:…… / 12はプレミア12台湾代表選手 / 成績は2015年9月27日時点

義大ライノス イーダー シーニョウ

監督 80 葉君璋
よう・くんしょう / イェ・ジュンジャン
1972.10.25　176cm/85kg　右投右打
経歴:文化大学-味全(96-99)-興農(00-09)-兄弟(10-11)-米RKコーチ(12-15)-義大監督(15)

投手コーチ 94 羅博特
1960.12.3　187cm/85kg

ブルペンコーチ 97 余文彬
1978.12.18　178cm/83kg

打撃コーチ 27 大威
1958.2.28　178cm/85kg

打撃コーチ 0 馮喬許
1948.5.1　178cm/85kg

総合守備コーチ 76 劉榮華
1966.10.10　175cm/72kg

守備コーチ 89 馮勝賢
1975.10.23　181cm/82kg

走塁コーチ 68 施金典
1980.8.1　187cm/77kg

一塁コーチ 13 陳威志
1975.8.20　175cm/108kg

トレーニングコーチ 92 江奕昌
1984.11.13　170cm/80kg

二軍監督 67 李居明
1959.6.8　179cm/84kg

二軍投手コーチ 73 曹竣崵
1976.3.29　185cm/98kg

二軍ブルペンコーチ 21 劉志昇
1967.4.21　173cm/75kg

二軍走塁コーチ 63 許國隆
1980.10.16　183cm/97kg

投手 3 陳泓亦
ちん・おうえき / チェン・ホンイ
1992.9.25　180cm/94kg　右投右打
経歴:台湾体大-ツインズ(10-13)-義大(15)

	防御率	勝利	敗戦	セーブ	三振
2015	27.00	0	0	0	0
通算	27.00	0	0	0	0

投手 12 彭世杰
ほう・せけつ / ポン・シジェ
1996.11.13　180cm/80kg　右投右打
経歴:中興高中-義大(15)

投手 17 黃柏揚
こう・はくよう / ホァン・ボーヤン
1989.7.19　172cm/75kg　右投左打
経歴:萬能科大-義大(14)

	防御率	勝利	敗戦	セーブ	三振
2015	10.39	1	2	0	2
通算	3.72	1	3	0	19

投手 19 蔡明晋
さい・めいしん / ツァイ・ミンジン
1984.9.28　179cm/68kg　右投右打
経歴:国立体大-興農(08-12)-義大(13)

	防御率	勝利	敗戦	セーブ	三振
2015	5.60	5	4	0	36
通算	4.52	27	29	8	318

投手 34 林正豐
りん・せいほう / リン・ジェンフォン
1982.12.26　182cm/84kg　右投右打
経歴:高苑工商-統一(06-12)-義大(13)

	防御率	勝利	敗戦	セーブ	三振
2015	5.89	3	1	32	
通算	4.48	22	8	5	251

投手 11 林晨樺
りん・しんか / リン・チェンホァ
1988.12.16　185cm/92kg　右投右打
経歴:文化大学-興農(12)-義大(13)

	防御率	勝利	敗戦	セーブ	三振
2015	6.88	0	0	0	12
通算	4.31	24	25	0	217

投手 16 林彦峰
りん・げんほう / リン・イェンフォン
1985.5.22　184cm/92kg　右投右打
経歴:国立体大-フィリーズ(06-08)-ロッテ(10-11)-興農(12)-義大(13)

	防御率	勝利	敗戦	セーブ	三振
2015	6.35	1	0	0	9
通算	5.96	5	7	14	51

NPBでの登録名:リン・イェンフォン

投手 18 倪福德
げい・ふくとく / ニー・フーデ
1982.11.14　182cm/90kg
経歴:嘉義大学-中信W(07-08)-タイガース(09-12)-豪州L(13)-ドジャース(14)-米独立L(14-15)-義大(15)

	防御率	勝利	敗戦	セーブ	三振
2015	5.72	2	0	0	22
通算	3.72	14	26	4	279

投手 32 羅政龍
ら・せいりゅう / ルオ・ジェンロン
1987.3.7　182cm/88kg　左投左打
経歴:台湾体大-興農(11-12)-義大(13)

	防御率	勝利	敗戦	セーブ	三振
2015	40.50	0	1	0	0
通算	6.37	4	10	0	85

投手 39 羅力
マイク・ローリー / ルオリー
1984.9.14　199cm/99kg
経歴:ジャイアンツ(07-09)-米独立L(10-11)-パイレーツ(11)-Lamigo-韓国・kt(14)-義大(15)

	防御率	勝利	敗戦	セーブ	三振
2015	3.23	14	5	0	130
通算	3.26	31	18	0	313

63

40 投手 希克

アンドリュー・シスコ
シーケ
1983.1.13 208cm/102kg
左投右打

経歴：カブス(01-04)-ロイヤルズ(05-06)-ホワイトソックス(07)-ジャイアンツ(10)-ヤンキース(11)-メキシカンL(11)-米独立(12)-義大(13-14)-韓国(14-15)-義大(15)

	防御率	勝利	敗戦	セーブ	三振
2015	4.41	5	6	0	106
通算	3.01	21	15	0	307

41 投手 蕭一傑

しょう・いっけつ
シャオ・イジェ
1985.1.2 180cm/87kg
左投右打

経歴：奈良産業大学-阪神(09-12)-ソフトバンク(13)-義大(14)

NPBでの登録名：ショウ・イッケツ

	防御率	勝利	敗戦	セーブ	三振
2015	5.19	0	2	0	15
通算	4.72	5	9	0	69

42 投手 陳煥揚

ちん・かんよう
チェン・ファンヤン
1985.11.21 176cm/80kg
右投右打

経歴：台北体院-興農(11-12)-義大(13)

	防御率	勝利	敗戦	セーブ	三振
2015	9.35	0	2	0	4
通算	4.56	10	17	2	205

44 投手 何南德

ギャビー・ヘルナンデス
ヘナンデ
1986.5.21 188cm/98kg
右投右打

経歴：メッツ(04-05)-マーリンズ(06-08)-マリナーズ(08-09)-ロイヤルズ(10)-ホワイトソックス(11)-ダイヤモンドバックス(11-12)-豪州L(14-15)-義大(15)

	防御率	勝利	敗戦	セーブ	三振
2015	4.90	3	4	1	56
通算	4.90	3	4	1	56

46 投手 陽建福

よう・けんふく
ヤン・ジェンフ
1979.4.22 179cm/78kg
右投右打

経歴：台湾体大-興農(03-12)-義大(13)

	防御率	勝利	敗戦	セーブ	三振
2015	8.59	0	1	0	12
通算	3.99	80	84	4	821

47 投手 范玉禹

はん・ぎょくう
ファン・ユユ
1995.4.27 193cm/90kg
右投右打

経歴：花蓮体中-義大(13)

	防御率	勝利	敗戦	セーブ	三振
2015	13.50	0	1	0	4
通算	13.50	0	1	0	4

48 投手 賴鴻誠

らい・こうせい
ライ・ホンチェン
1988.4.26 180cm/75kg
左投左打

経歴：国立体大-興農(12)-義大(13)

	防御率	勝利	敗戦	セーブ	三振
2015	3.94	2	0	0	12
通算	5.18	11	16	0	110

49 投手 羅嘉仁

ら・かじん
ルオ・ジャーレン
1986.4.7 180cm/90kg
右投右打

経歴：文化大学-アストロズ(09-14)-義大(14)

	防御率	勝利	敗戦	セーブ	三振
2015	5.19	2	5	10	39
通算	3.81	3	5	15	58

56 投手 黄勝雄

こう・しょうゆう
ホァン・シェンション
1990.12.3 186cm/98kg
右投右打

経歴：嘉薬科大-義大(14)

	防御率	勝利	敗戦	セーブ	三振
2015	4.99	3	7	2	49
通算	4.47	12	14	3	168

61 投手 沈鈺傑

しん・ぎょけつ
ジェン・ユジェ
1981.3.3 180cm/85kg
右投右打

経歴：別府大学-中信W(05-08)-興農(09-12)-義大(13)

	防御率	勝利	敗戦	セーブ	三振
2015	3.60	0	0	0	16
通算	3.91	50	45	36	606

65 投手 陳冠儒

ちん・かんじゅ
チェン・グァンルー
1991.7.9 168cm/76kg
右投右打

経歴：輔仁大学-義大(14)

	防御率	勝利	敗戦	セーブ	三振
2015	6.97	0	1	0	6
通算	8.03	0	1	0	6

71 投手 張耿豪

ちょう・こうごう
ジャン・ゲンハオ
1991.4.11 178cm/73kg
右投右打

経歴：台北体大-興農(10-12)-義大(13)

	防御率	勝利	敗戦	セーブ	三振
2015	-	-	-	-	-
通算	4.35	15	17	0	183

74 投手 蔡欣宏

さい・きんこう
ツァイ・シンホン
1990.4.24 188cm/75kg
右投右打

経歴：台湾体大-義大(14)

	防御率	勝利	敗戦	セーブ	三振
2015	-	-	-	-	-
通算	-	-	-	-	-

77 投手 林政賢

りん・せいけん
リン・ジェンシェン
1995.9.13 188cm/90kg
左投左打

経歴：文化大学-義大(15)

	防御率	勝利	敗戦	セーブ	三振
2015	-	-	-	-	-
通算	-	-	-	-	-

82 投手 曾冠儒

そう・かんじゅ
ツェン・グァンルー
1989.7.15 172cm/60kg
左投左打

経歴：嘉義大学-義大(14)

	防御率	勝利	敗戦	セーブ	三振
2015	-	-	-	-	-
通算	-	-	-	-	-

90 投手 黄思漢

こう・しかん
ホァン・スーハン
1990.1.21 180cm/70kg
右投右打

経歴：環球科大-義大(14)

	防御率	勝利	敗戦	セーブ	三振
2015	11.37	0	0	0	1
通算	11.37	0	0	0	1

91 投手 許文鏘

きょ・ぶんしょう
シュ・ウェンジェン
1987.10.27 187cm/93kg
右投右打

経歴：台湾体大-興農(12)-義大(13)

	防御率	勝利	敗戦	セーブ	三振
2015	5.40	0	0	0	1
通算	5.47	1	6	0	18

95 投手 簡嘉佑

かん・かゆう
ジェン・ジァヨウ
1991.6.10 181cm/73kg
右投右打

経歴：台北体院-義大(14)

	防御率	勝利	敗戦	セーブ	三振
2015	11.74	0	0	0	5
通算	8.31	1	0	0	17

義大ライノス　イーダー・シーニョウ

投手 96　林羿豪

りん・げいごう
リン・イーハオ
1991.6.10　181cm/73kg
右投右打
経歴：西苑中学-巨人(06-13)-義大(14)
NPBでの登録名：リン・イーハウ

	防御率	勝利	敗戦	セーブ	三振
2015	4.56	2	4	1	41
通算	3.70	5	8	3	105

捕手 2　方克偉

ほう・かつい
ファン・ケーウェイ
1988.5.10　176cm/96kg
右投右打
経歴：立徳大学-兄弟(10)-興農(10-12)-義大(13)

	打率	試合	安打	打点	本塁打
2015	.235	19	12	3	0
通算	.272	262	151	45	4

捕手 4　蔡維陵

さい・いりょう
ツァイ・ウェイリン
1989.2.13　176cm/93kg
右投右打
経歴：嘉義大学-義大(15)

	打率	試合	安打	打点	本塁打
2015	-	-	-	-	-
通算	-	-	-	-	-

捕手 5　林憲章

りん・けんしょう
リン・シェンジャン
1988.4.30　178cm/91kg
右投右打
経歴：嘉義大学-義大(14)

	打率	試合	安打	打点	本塁打
2015	-	-	-	-	-
通算	.000	1	0	0	0

捕手 7　鄭達鴻

てい・たつこう
ジェン・ダーホン
1981.1.12　175cm/77kg
右投右打
経歴：文化大学-興農(05-12)-義大(13)

	打率	試合	安打	打点	本塁打
2015	.344	92	98	48	3
通算	.303	994	954	396	23

捕手 20　林琨笙

りん・こんしょう
リン・クンシェン
1987.3.8　178cm/87kg
右投右打
経歴：台湾体大-興農(11-12)-義大(13)

	打率	試合	安打	打点	本塁打
2015	.337	53	73	17	1
通算	.273	326	217	100	6

捕手 26　蔡友達

さい・ゆうたつ
ツァイ・ヨウダー
1990.5.16　176cm/83kg
右投右打
経歴：台北体院-義大(14)

	打率	試合	安打	打点	本塁打
2015	1.000	1	1	0	0
通算	1.000	1	1	0	0

捕手 29　陽冠威

よう・かんい
ヤン・グァンウェイ
1989.9.2　182cm/92kg
右投右打
経歴：文化大学-義大(13)

	打率	試合	安打	打点	本塁打
2015	.306	81	91	52	8
通算	.310	184	191	105	17

内野手 6　藍少白

らん・しょうはく
ラン・シャオバイ
1986.3.23　170cm/75kg
右投右打
経歴：台湾体大-興農(10-12)-義大(13)

	打率	試合	安打	打点	本塁打
2015	.228	56	31	14	0
通算	.238	353	199	90	3

内野手 9　林益全

りん・えきぜん
リン・イーチュエン
1985.11.11　180cm/83kg
右投右打
経歴：南英商工-興農(09-12)-義大(13)

	打率	試合	安打	打点	本塁打
2015	.362	106	149	112	22
通算	.348	779	1046	594	101

内野手 14　林宗男

りん・そうなん
リン・ゾンナン
1981.12.4　172cm/76kg
右投右打
経歴：輔仁大学-興農(06-12)-義大(13)

	打率	試合	安打	打点	本塁打
2015	.182	28	12	3	0
通算	.251	744	532	204	11

内野手 24　陳凱倫

ちん・がいりん
チェン・カイルン
1987.10.31　173cm/76kg
右投右打
経歴：開南大学-興農(12)-義大(13)

	打率	試合	安打	打点	本塁打
2015	.318	70	61	24	1
通算	.262	301	232	89	3

内野手 25　方玄宗

ほう・げんそう
ファン・シュエンゾン
1988.12.26　176cm/74kg
右投右打
経歴：台湾体大-義大(14)

	打率	試合	安打	打点	本塁打
2015	.231	50	33	11	2
通算	.219	67	41	12	2

内野手 30　石翔宇

せき・しょうう
シ・シャンユ
1996.11.1　178cm/70kg
右投右打
経歴：南英商工-義大(15)

	打率	試合	安打	打点	本塁打
2015	-	-	-	-	-
通算	-	-	-	-	-

内野手 35　楊承駿

よう・しょうしゅん
ヤン・チェンジュン
1988.11.4　178cm/83kg
右投右打
経歴：台湾体大-義大(14)

	打率	試合	安打	打点	本塁打
2015	.241	12	7	2	0
通算	.241	12	7	2	0

内野手 38　楊智喬

よう・ちきょう
ヤン・ジーチャオ
1995.12.27　165cm/78kg
右投右打
経歴：美和中学-義大(14)

	打率	試合	安打	打点	本塁打
2015	-	-	-	-	-
通算	-	-	-	-	-

内野手 51　黃智培

こう・ちばい
ファン・ジーペイ
1987.11.16　183cm/100kg
右投右打
経歴：国立体大-興農(12)-義大(13)

	打率	試合	安打	打点	本塁打
2015	.256	27	22	14	2
通算	.237	94	68	28	2

内野手 54　林瑋恩

りん・いおん
リン・ウェイエン
1988.3.22　177cm/72kg
右投右打
経歴：台北体院-興農(12)-義大(13)

	打率	試合	安打	打点	本塁打
2015	.240	85	54	19	0
通算	.232	305	185	71	1

	内野手	59

羅國麟
ら・こくりん
ルオ・グォリン

1993.1.2　183cm/97kg
右投右打

経歴：国立体大-義大
(15)

	打率	試合	安打	打点	本塁打
2015	-	-	-	-	-
通算	-	-	-	-	-

	内野手	64

林威廷
りん・いてい
リン・ウェイティン

1989.8.16　177cm/83kg
右投右打

経歴：国立体大-義大
(14)

	打率	試合	安打	打点	本塁打
2015	.216	45	33	10	1
通算	.282	143	137	42	1

	内野手	72

張鎧
ちょう・がい
ジャン・カイ

1987.5.29　175cm/79kg
右投右打

経歴：開南大学-興農
(12)-義大(13)

	打率	試合	安打	打点	本塁打
2015	.200	6	2	0	0
通算	.180	61	18	4	1

	内野手	88

鄭兆行
てい・ちょうこう
ジェン・ジャオハン

1977.2.14　179cm/82kg
右投右打

経歴：文化大学-興農
(00-10)-興農コーチ
兼選手(11)-興農(12)
-義大(13)

	打率	試合	安打	打点	本塁打
2015	.288	33	21	7	0
通算	.278	1283	1209	519	49

	外野手	1

林哲瑄
りん・てつせん
リン・ジェーシュエン

1988.9.21　180cm/90kg
右投右打

経歴：南英商工-レッドソックス(07-12)-アストロズ(13)-レンジャーズ(14)-四国IL・高知(15)-義大(15)

	打率	試合	安打	打点	本塁打
2015	.244	20	19	8	1
通算	.244	20	19	8	1

	外野手	8

高孝儀
こう・こうぎ
ガオ・シャオイー

1990.5.29　176cm/81kg
右投右打

経歴：文化大学-義大
(14)

	打率	試合	安打	打点	本塁打
2015	.265	40	39	11	0
通算	.265	40	39	11	0

	外野手	15

胡金龍
こ・きんりゅう
フー・ジンロン

1984.2.2　180cm/86kg
右投右打

経歴：国立体大-ドジャース(03-10)-メッツ(11)-豪州L(11)-インディアンス(12)-米独立L(12)-義大(13)

	打率	試合	安打	打点	本塁打
2015	.382	99	158	63	13
通算	.358	313	455	156	23

	外野手	28

高國輝
こう・こくき
ガオ・グォフイ

1985.9.26　189cm/95kg
右投右打

経歴：台北体院-マリナーズ(06-12)-義大(13)

	打率	試合	安打	打点	本塁打
2015	.317	109	139	99	35
通算	.328	263	322	221	67

	外野手	36

蘇建榮
そ・けんえい
スー・ジェンロン

1983.6.5　177cm/81kg
右投右打

経歴：輔仁大学-興農
(06-12)-義大(13)

	打率	試合	安打	打点	本塁打
2015	.000	1	0	0	0
通算	.250	730	409	143	15

	外野手	50

張詠漢
ちょう・えいかん
ジャン・ヨンハン

1988.9.18　177cm/87kg
左投左打

経歴：嘉義大学-興農
(12)-義大(13)

	打率	試合	安打	打点	本塁打
2015	.197	36	14	7	2
通算	.264	150	103	44	4

	外野手	52

林旺衛
りん・おうえい
リン・ワンウェイ

1988.6.28　180cm/90kg
右投右打

経歴：台湾体大-ツインズ(07-12)-義大(15)

	打率	試合	安打	打点	本塁打
2015	.286	84	63	29	2
通算	.286	84	63	29	2

	外野手	53

徐育澄
じょ・いくちょう
シュ・ユーチェン

1987.10.23　176cm/76kg
右投右打

経歴：輔仁大学-興農
(12)-義大(13)

	打率	試合	安打	打点	本塁打
2015	-	-	-	-	-
通算	.311	38	14	5	1

	外野手	57

李家駒
り・かく
リ・ジャージュ

1988.2.1　180cm/85kg
右投右打

経歴：国立体大-興農
(12)-義大(13)

	打率	試合	安打	打点	本塁打
2015	-	-	-	-	-
通算	.254	59	33	13	0

	外野手	62

呉宗峻
ご・そうしゅん
ウー・ゾンジュン

1984.12.31　170cm/90kg
左投左打

経歴：国立体大-興農
(10-12)-義大(13)

	打率	試合	安打	打点	本塁打
2015	.275	20	11	2	0
通算	.283	374	280	106	8

	外野手	66

張建銘
ちょう・けんめい
ジャン・ジェンミン

1980.7.27　176cm/75kg
左投左打

経歴：台北体院-興農
(04-12)-義大(13)

	打率	試合	安打	打点	本塁打
2015	.337	103	139	63	8
通算	.303	1053	1248	471	33

新竹市中正棒球場
しんちくしちゅうせいきゅうじょう
シンジューシー ジョンジェン バンチョウチャン

住所：新竹市西大路559号
TEL：035-24-3892
収容人員：11,000人
天然芝、内野赤土
中堅：122m（400ft）　両翼：91m（300ft）

市街地の鳥かご球場

台北の南西約60kmにある新竹は、人口約43万人の小さな町。電子関連企業、工場が数多く集まっていることから、アジア、台湾の「シリコンバレー」と言われている。また新竹は強い風が吹くことでも有名だ。中正棒球場は市中心部からほど近い場所にあり、球場外周には隙間なく住宅や雑居ビルが立ち並んでいる。その姿は市街地の中の大きな鳥かごのようだ。座席はバックネット裏から一、三塁のダッグアウト上までが屋根で覆われている。内外野に椅子はなく、コンクリートがひな壇状になったシンプルなものだ。外野席のエリアが広く、収容人員の半分以上を外野席が占めている。

新竹駅から球場に向かう西大路は飲食店が充実。特にトロピカルな飲み物やかき氷のお店が目につきます。その一つの圓仔冰舗は種類が豊富。ほとんどのメニューが40元（約144円）とリーズナブルです。その中で王様とも言えそうなのが「マンゴーミルクかき氷」（80元＝約288円）。ボリュームたっぷりなので二人で分け合ってもいいかもしれませんよ！

ブロガー：Daphne　ブログ：Daphne's Fresh Look
http://likewallace.pixnet.net/blog

現地ブロガーおススメ！
編集者もおススメ！

圓仔冰舗
新竹市西大路502号
03-528-2828
営業時間／11：30～23：00

新竹市中正棒球場　周辺地図＆アクセス

台北から新竹市内へ
・高速鉄道（高鉄）で高鉄新竹駅まで約35分。高鉄新竹駅は鉄道（台鉄）の六家駅と隣接。六家駅から台鉄新竹駅まで約20分。その他に鉄道（台鉄）、バスのルートもあり。

台鉄新竹駅（最寄り駅）から
・徒歩約18分（約1.4km）。タクシーで約8分。

花蓮縣立德興棒球場

かれんけんりつとくこうきゅうじょう
ホァリエンシェンリー　デシン　バンチョウチャン

住所：花蓮市達古湖湾大路1号
TEL：03-846-2789
収容人員：5,500人
天然芝
中堅：122m（400ft）　両翼：98m（320ft）

台湾東部唯一の開催球場

台北の南、約118kmに位置する花蓮は、台湾の東部、東海岸に面した町。花蓮は台湾有数の景勝地、太魯閣峡谷に近く、そこから切り出される大理石の産地として有名だ。德興棒球場は中央山脈から流れる美崙渓のほとりにあり、豊かな自然に囲まれている。この球場はかつて、野球とソフトボールの兼用球場だったが、1999年に改修工事が行われ、2002年にプロ野球の試合が初めて行われた。現在、台湾東部でプロ野球公式戦が開催されるのは花蓮しかなく、2015年は5試合が編成された。東部は高速鉄道が整備された西部に比べ、アクセス面で難はあるが、穏やかな大自然と触れ合えるのが魅力となっている。

滷大夫新城爌肉飯
花蓮市和平路560号
03-834-7349
営業時間／11：00〜19：30（日曜定休）

現地ブロガー
おススメ！

ブロガー：跳躍的宅男　ブログ：跳躍的宅男
http://www.jumpman.tw/

花蓮縣立德興棒球場　周辺地図＆アクセス

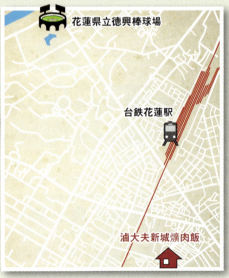

花蓮駅から球場に向かう反対側になりますが、試合前の腹ごしらえにお勧めなのがこちら。お肉と脂身のバランスが絶妙な「滷肉飯」（角煮丼）です。見た目よりもしつこくなく、臭みがないのが特徴。思い出すだけでよだれが出てきます。その他にも自家製の温泉卵を使った「葱温玉牛丼」は牛肉とネギ、トロトロの黄身のコンビネーションで、ご飯が進むこと間違いなしです。

台北から花蓮市内へ
・鉄道（台鉄）で花蓮駅まで約2時間。
・飛行機で台北松山空港から花蓮空港まで約35分。

台鉄花蓮駅（最寄り駅）から
・タクシーで約7分（約2.4km）

屏東県立体育棒球場

へいとうけんりつたいいくきゅうじょう
ピンドンシェンリー　ティーユー　バンチョウチャン

住所：屏東市棒球路1号
TEL：08-752-5482
収容人員：10,000人
天然芝
中堅：122m（400ft）　両翼：99m（325ft）

南部に位置するシンプルスタジアム

屏東は高雄の東、約19kmに位置する台湾南部の町。屏東市が属する屏東県は台湾最南端の県で、その形は細長く、三方を海に囲まれている。屏東棒球場は市中心部から近い場所にあり、アクセスしやすい球場だ。球場正面は柱がアーチ状に支えていて、壁面にはプレーを表した壁画が描かれている。場内の設備は至ってシンプルで、内外野に椅子はない。ひな壇状の段差に腰掛けるスタイルだ。この球場は1993年にプロ野球に加盟した、時報イーグルスと俊国ベアーズの本拠地として使用されたが、現在は年間数試合使用。2015年は統一7-ELEVEnが4試合、中信兄弟が1試合主催試合を行った。またLamigoの二軍が使用している。

現地ブロガーおススメ！

春日佐光藝文複合式餐廳
屏東市勝義巷3号
08-733-9806
営業時間／11：00～22：00

ブロガー：尼力　ブログ：就愛吃喝玩樂的尼力
http://nellydyu.pixnet.net/blog

屏東県立体育棒球場　周辺地図&アクセス

屏東駅から球場とは反対側に位置するこのお店は日本風の古式建築。芸術性豊かな外観と店内では、ゆったりとした時間が過ごせます。メニューは和洋をはじめ、火鍋などの台湾料理と多彩。みんなの好みが分かれた時に訪れるレストランとしてお勧めです。またティータイムのひとときにも良いかもしれませんね。

台北から屏東市内へ
・台北から高雄へ行き、高雄から台鉄で約25分。

台鉄屏東駅（最寄り駅）から
・タクシーで約5分（約1.7km）

雲林県立斗六棒球場

うんりんけんりつとろくきゅうじょう
ユンリンシェンリー　ドウリョウ　バンチョウチャン

住所：雲林県斗六市明徳北路二段320号
TEL：05-551-1171
収容人員：15,000人
天然芝
中堅：122m（400ft）　両翼：101m（330ft）

小さな町の国際派球場

台北の南西、約180kmにある斗六は雲林県にある、人口約10万人の小さな町。台南の麻豆に次ぐ、ブンタンの産地として知られている。斗六棒球場は斗六駅から徒歩圏内。訪れやすい場所にある。この球場は雲林県政府が国体を主催するために建設した球場で、2005年に竣工。同年9月にプロ野球公式戦が初開催された。15,000人が収容可能で、台湾で内野2階席がある球場はこの球場が5番目となる。2013年のWBCでは韓国代表チームの合宿地として使用されるなど、幅広く活用され、2015年11月の世界野球プレミア12ではカナダ-プエルトリコ戦他、計4試合の開催が予定されている。

阿國獅嘴大王魷魚羹

雲林県 斗六市大同路112号
05-535-4010
営業時間／9：00～20：00

現地ブロガーおススメ！

ブロガー：大口　ブログ：大口老師的走跳學堂
http://zine1215.pixnet.net/blog

斗六駅周辺を散策しながら訪れたいのがこのお店。60年以上の歴史がある地元の人気店です。看板料理は大きなイカの口を甘酢で味付けしたもの。プチプチの食感にハマってしまいます。麺類や小皿料理も充実していて、しかもお値段は40～50元（約144～180円）と安くてびっくり。いろんな種類を注文して味わっちゃいましょう。

雲林県立斗六棒球場　周辺地図&アクセス

台北から斗六市内へ
・台北から台鉄で約3時間。
台鉄斗六駅（最寄り駅）から
・徒歩約15分（約1.2km）

嘉義市立体育棒球場

かぎしりつたいいくきゅうじょう
ジャーイーシーリー ティーユー バンチョウチャン

住所：嘉義市東区山仔頂249－1号
TEL： 05-275-4225
収容人員：10,000人
天然芝、内野赤土
中堅：122m（400ft）　両翼：107m（350ft）

「KANO」の故郷を訪ねよう！

台北の南西、約200kmにある嘉義は、日本そして野球とつながりの深い町だ。1907年に建設された嘉義球場は嘉義公園の中にあり、公園には日本統治時代の神社の社務所が残っている。同じく日本統治下の31年、地元・嘉義農林高校が台湾代表として、甲子園での第17回全国中等学校優勝野球大会に出場。準優勝を収めた。その出来事は、映画「KANO 1931海の向こうの甲子園」（P.94参照）で描かれている。嘉義球場正面には「威震甲子園」と命名されたバット型のモニュメントがあるなど、市内には嘉義農林の偉業を再認識することができる場所が少なくない。なお、嘉義市のお隣の嘉義県には県立球場があることから、両者は「嘉義市」、「嘉義県」と分類されている。

台鉄嘉義駅と球場の中間に位置。周辺をお散歩しながら訪れてもいいかもしれません。ベトナム料理のこの店は外観にも風情があります。メニューはスープなどのフード類だけではなく、デザートも魅力のこのお店。台湾でベトナム料理を食べて、南国ムードをより一層盛り上げてみてはいかがですか？

ブロガー：mimi韓　ブログ：mimi韓行攝の足跡
http://mimg47.pixnet.net/blog

現地ブロガーおススメ！

安南河粉
嘉義市東区安楽街158号
05-223-8451
営業時間／10：00～22：00

嘉義市立体育棒球場　周辺地図&アクセス

台北から嘉義市内へ
・高速鉄道（高鉄）で高鉄嘉義駅まで約1時間30分。高鉄嘉義駅から市中心部の台鉄嘉義駅へはBRTバス（嘉義公園方面行き）で約30分。

高鉄嘉義駅から
・BRTバス（嘉義公園方面行き）で約45分。途中、台鉄嘉義駅を経由する。このバス（高鉄快捷専車）は高鉄の乗車券を提示すれば無料で乗車出来る。

CPBL 球団の変遷

| 1990 | 1991 | 1992 | 1993 | 1994 | 1995 | 1996 | 1997 | 1998 | 1999 | 2000 | 2001 | 2002 | 2003 | 20 |

- 兄弟エレファンツ
- 統一ライオンズ
- 俊國ベアーズ
- 興農ベアーズ
- 興農ブルズ
- 第一金剛
- 和信ホエールズ
- 誠泰太陽
- 味全ドラゴンズ
- 三商タイガース
- 時報イーグルス

※1996年前期は興農ベアーズ、後期から興農ブルズ

解散した球団

味全ドラゴンズ
ウェイチュエン ロン

年度別成績

年度	順位	チーム名	試合	勝	敗	分	勝率
1990	★1	味全ドラゴンズ	90	52	34	4	.605
1991	2	味全ドラゴンズ	90	46	36	8	.561
1992	2	味全ドラゴンズ	90	41	42	7	.494
1993	3	味全ドラゴンズ	90	48	40	2	.545
1994	5	味全ドラゴンズ	90	36	52	2	.409
1995	5	味全ドラゴンズ	100	47	52	1	.475
1996	3	味全ドラゴンズ	100	55	43	2	.561
1997	★4	味全ドラゴンズ	96	46	46	4	.500
1998	★3	味全ドラゴンズ	105	56	48	1	.538
1999	★3	味全ドラゴンズ	92	49	39	4	.557
通算			943	476	432	35	.524

三商タイガース
サンシャン フー

年度別成績

年度	順位	チーム名	試合	勝	敗	分	勝率
1990	2	三商タイガース	90	47	38	5	.553
1991	4	三商タイガース	90	35	46	9	.432
1992	4	三商タイガース	90	36	47	7	.434
1993	6	三商タイガース	90	33	54	3	.379
1994	4	三商タイガース	90	40	47	3	.460
1995	2	三商タイガース	100	49	48	3	.505
1996	5	三商タイガース	100	39	57	4	.406
1997	4	三商タイガース	96	46	44	6	.511
1998	5	三商タイガース	105	50	52	3	.490
1999	4	三商タイガース	93	39	52	2	.429
通算			944	414	485	45	.461

	2006	2007	2008	2009	2010	2011	2012	2013	2014	2015	
											中信ブラザーズ（中信兄弟）
											統一7-ELEVEnライオンズ
											義大ライノス
	La newベアーズ										Lamigoモンキーズ
中信ホエールズ											
誠泰コブラス		米迪亜ティーレックス									

時報イーグルス
シーバオ イン

年度別成績

年度	順位	チーム名	試合	勝	敗	分	勝率
1993	5	時報イーグルス	90	36	52	2	.409
1994	3	時報イーグルス	90	46	43	1	.517
1995	3	時報イーグルス	100	49	50	1	.495
1996	2	時報イーグルス	100	56	41	3	.577
1997	6	時報イーグルス	96	41	51	4	.446
通算			476	228	237	11	.490

和信ホエールズ
ヘーシン ジン

中信ホエールズ
ジョンシン ジン

年度別成績

年度	順位	チーム名	試合	勝	敗	分	勝率
1997	7	和信ホエールズ	96	39	56	1	.411
1998	4	和信ホエールズ	105	54	49	2	.524
1999	1	和信ホエールズ	91	60	29	2	.674
2000	3	和信ホエールズ	90	41	45	4	.476
2001	3	和信ホエールズ	90	45	45	0	.500
2002	2	和信ホエールズ	90	45	42	3	.517
2003	4	中信ホエールズ	100	51	43	6	.542
2004	4	中信ホエールズ	100	45	50	5	.474
2005	4	中信ホエールズ	100	47	49	4	.489
2006	5	中信ホエールズ	100	42	51	7	.452
2007	4	中信ホエールズ	100	46	52	2	.469
2008	4	中信ホエールズ	100	39	61	0	.390
通算			1162	554	572	36	.492

誠泰太陽
チェンタイ タイヤン

誠泰コブラス
チェンタイ コブラス

米迪亜ティーレックス
ミーディヤ バオロン

年度別成績

年度	順位	チーム名	試合	勝	敗	分	勝率
2003	5	誠泰太陽	100	30	64	6	.319
2004	5	誠泰COBRAS	100	43	54	3	.443
2005	2	誠泰COBRAS	101	50	43	8	.537
2006	4	誠泰COBRAS	100	48	50	2	.490
2007	5	誠泰COBRAS	100	44	55	1	.444
2008	5	米迪亞暴龍	98	37	60	1	.381
通算			599	252	326	21	.436

気になる！台湾の応援 Q&A！

野球観戦の楽しみの一つに応援があります。海外の野球の場合、チームや選手のことはわからなくても、「応援の楽しさをきっかけにそのリーグに興味を持った」という人も少なくないでしょう。このコーナーでは台湾の応援の特徴をQ&A形式でご紹介します。実際に観戦する時のお役に立ててください！

Q1 台湾の基本的な応援方法を教えてください！

A ホームチームの応援の中心は、主に内野席のベンチの上。マイクを持ったリーダーが音頭を取り、ファンはトランペットやスピーカーから流れるメロディーに合わせて応援します。最近では各球団にチアリーダーがいて、応援団が陣取る内野席は最も人気がある座席になっています。

Q2 球団ごとに応援スタイルは違うの？

A 大きな違いはありません。「ドンドコドコドコ」という太鼓のリズムが響く中、トランペットや応援団のいわゆる「ロラッパ」で選手別の応援メロディーが演奏されるのが主流です。最近の変化では、2012年秋に韓国・釜山で開催のアジアシリーズに出場したLamigoが、韓国スタイルの応援に感化され、懐メロからヒットソングまで、様々な楽曲を応援に取り入れるようになりました。また、Lamigoは交流試合を行うなど関係がある千葉ロッテマリーンズと、応援面でも交流を深め、2015年からLamigoはロッテのチャンステーマを使用しています。

Q3 応援に欠かせないアイテムは？

A メガホンとスティックメガホンが基本です。近年、各球団ともにグッズが充実していて、帽子の他に、選手名と背番号がマーキングされたユニフォームやTシャツを着て応援するファンが増えました。また、中継カメラに映されることを意識して、ユニークなメッセージを描いた、応援ボードを手にするファンも少なくありません。以前はプラスチック製のチアホーンがよく使われていましたが、近年、かつてほどは使わなくなりました。

Q4 これだけでは覚えておきたい、掛け声を教えて！

A 応援のリーダーとファンで以下のような掛け合いがあります。

☆その1
リーダー：「安打啦 安打！」 訳→ヒット ヒット！
　ファン：「〇〇〇～（選手名）」
リーダー：「安打啦 安打！」 訳→ヒット ヒット！
　ファン：「〇〇〇～（選手名）」
リーダー：「〇〇〇～（選手名）」
　ファン：「全壘打」 訳→ホームラン
リーダー：「〇〇〇～（選手名）」
　ファン：「全壘打」 訳→ホームラン
リーダー：「（ゆっくりと）〇〇〇～（選手名）」
　ファン：「（ゆっくりと）全壘打」 訳→ホームラン

☆その2
リーダー：「舉起你的右（左）手！」
訳→右手(左手)を挙げて！
　ファン：「安打！ 安打！」
訳→(挙げた手に持ったメガホンを振りながら)ヒット！ ヒット！

リーダー：「舉起你的左（右）手！」
訳→左手（右手）を挙げて！
　ファン：「全壘打！ 全壘打！」
訳→(挙げた手に持ったメガホンを振りながら)ホームラン！ ホームラン！
リーダー：「舉起你的雙手！」 訳→両手を挙げて！
　ファン：「〇〇〇（選手名）全壘打！」
訳→(両手のメガホンを振りながら)〇〇〇（選手名）ホームラン！

 Q5 選手別応援歌はあるの？

A 主力選手には個別の曲やコールがあります。しかし日本ほど細かく歌詞がつけられているのはわずかです。応援歌は既存の台湾の懐メロやヒットソング、映画の主題歌や海外の民謡など様々。日本の曲や日本の選手の応援歌が使われることもあります。

☆各球団の主な選手の応援歌原曲（2015年）

中信兄弟
16　周思齊　「牛仔很忙」 歌：周杰倫
74　許基宏　「看上她」　 歌：黎明
統一
68　高國慶　「凱旋行進曲」(オペラ「アイーダ」劇中歌)
58　方昶詠　「カチューシャ」(ロシア民謡)
Lamigo
31　林智勝　映画「少林サッカー」オープニング曲
29　陳俊秀　「世界の約束」(映画「ハウルの動く城」主題歌)
　　　　　　歌：倍賞千恵子
義大
1　　林哲瑄　「Cinderblock Garden」 歌：All Time Low
28　高國輝　「あとひとつ」 歌：FUNKY MONKEY BABYS

Q6 チアリーダーがもの凄く気になります…

A 基本的にホームゲームにのみ登場し、内野席のベンチの上などで、応援リーダーと一緒に応援を行います。チアリーダーのほとんどがモデルなどの活動をしている美女軍団です。ここ数年、中信兄弟を除く3球団では、シーズンオフに公開オーディションを実施。メンバーの入れ替えや増員を行っています。中信兄弟も今後は面接によって、メンバーの選抜、増員を行う予定とのことです。チアリーダーたちはチームやメンバーごとにFacebookページを運営するなど活動が盛んで、ファンとの交流を図っています。

❶中信兄弟 Passion Sisters
メンバーは8人。芸能事務所がグループをマネジメントし、2015年は台湾プロ野球のチアリーダーとして初めて、テーマ曲をリリースした。

❷統一7-ELEVEn Uni-Girls
メンバーは12人。2009年結成と4球団の中では最も古い。今年から女性リーダーによる応援指揮と、新メンバー2人が加わり、2人はそれぞれの登場日の勝率をかけ、「勝利の女神」の座を争っている。

❸Lamigo Lamigirls
4球団中、最多の23人編成。普段の衣装の他に、週末を中心に行われるイベントデーではチャイナドレスやセーラームーンといったコスプレで試合を盛り上げる。

❹義大 Rhino Angels
メンバーは11人。アメリカンスタイルのダンスが特徴。メンバーの多くがホームタウンの高雄市に在住、または在学している地元密着型のチアリーダーだ。

小林亮寬

INTERVIEW

これまでに数多くの日本人が台湾でプレーしているが、その中でもチームの勝利に大きく貢献し、退団後もレジェンドプレーヤーとして愛され続けている元選手がいる。2008年から2年間、兄弟エレファンツの先発投手として活躍した小林亮寛さん（36）だ。千葉ロッテマリーンズでプロ生活をスタートさせ、その後5つの国と地域のマウンドに上がった彼に、プレーヤー目線での台湾球界について聞いた。

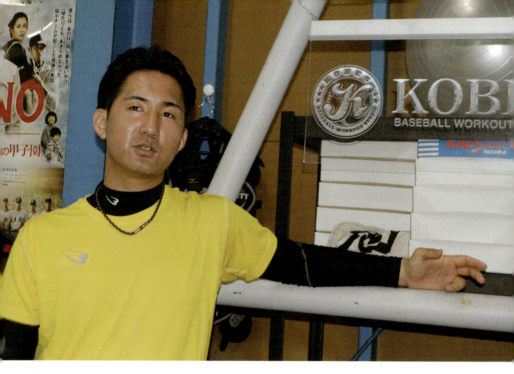

──2008年は10勝６敗１セーブ、防御率2.66（リーグ３位）という好成績を残して、台湾シリーズにも出場しました。当時の記憶に残るゲームはありますか。

小林 台湾での初登板と、台湾シリーズ第６戦ですね。最初の試合は中信ホエールズにボコボコに打ち込まれたんですが（４回被安打12、７失点）、その試合で「こうすると打たれる、その裏をかけば抑えられる」というのがわかりました。その試合で僕は、逃げずにインコースの真っ直ぐで勝負にいったら、相手は初球からどんどん振る、引っ張りのバッターが多いチームだったのでそれにハマってしまいました。しかしそこで相手のデータが採れたので、次からはツーシームを駆使するようにしました。台湾のバッターは速い真っ直ぐに強いですが、ツーシームを投げ続けていくと、バッターは体の開きが早くなります。そこで元々自信があったスライダーを外角に投げるとそれが有効になっていきました。台湾１年目はそのコンビネーションが良くて、いい成績に繋がりました。

──台湾のバッターがストレートに強い理由は何でしょうか。

小林 台湾は細かいコントロールや変化球を持っている投手が少ないので、真っ直ぐで勝負するピッチャーが多いです。それに対するバッターですが、台湾の選手は日本人よりフィジカルが上なので、高いスピードとパワーを持っています。145キロ前後のボールは簡単に持っていきますね。元々、力任せに投げるボールに対して打つ、というのが野球の基礎としてあるので、「慣れ」があると思います。

──台湾シリーズ第６戦での登板はプロ野球選手として初めて、ご両親にたくさんの観衆の中で投げる姿を見せられた試合になったそうですね。

小林 そうですね。２勝３敗で負けたら終わりという試合で勝つことが出来て、第７戦に持ち込めたというのは、僕や両親だけではなく、たぶんチームメイトやファンの方も印象に残っているのではないかと思います。その時はプロ入りから10年。29歳でした。結果を出していくと見られるということが増えていって、マスコミやファンも好印象で接してくれました。元々、プロ野球選手としての責任というのは持っていたのですが、周りから

小林亮寛

INTERVIEW

煽られて出てくる自覚というのは、台湾でその頃に得られたものです。

——対戦したバッターで印象に残る選手は誰ですか。

小林 僕が苦手にしていたのは周思齊さん（中信兄弟）です。当時は米迪亞にいたんですが、ことごとく打たれたという印象しかありません。バットコントロールがとてもうまい左バッターで、長打も打てるんです。ボールの見極めも良いので投げにくかったですね。勝負に行くと打たれていて、しかもいい当たりのツーベースにされていました。彼を抑えるという糸口はなかなか見つかりませんでした。日本人で言うと、青木宣親選手（ジャイアンツ）みたいなタイプです。あとは僕がいた頃の若手選手では林益全選手（義大）も素晴らしい選手でした。彼も左バッターです。

——林益全選手は2015年の7月18日に、史上最速（744試合）での通算1000安打を達成しました。

小林 もう1000本も打ったんですか。凄いですね。

——右バッターでいい選手というのは誰がいますか。

小林 同じチームだったので対戦はしていませんが、チャチャこと彭政閔選手（中信兄弟）ですね。彼はインコースのさばき方がうまい選手です。ホームランが打てて、打率も残せるし、走れます。人間性も素晴らしくて、求心力がありました。あとは張泰山選手（統一7-ELEVEn）とは対戦するのが嫌でした。39歳の今

も現役なのはすごいです。彼はインコースが苦手だったので、ツーシームを続けて勝負したんですが、完璧に投げたインハイのツーシームをパカーンとレフトにホームランされました。当時の彼は打球の速さ、ヘッドスピードの速さがもの凄くて、しかも落合（博満）さんみたいな柔らかいバッティングも出来る選手でした。

——台湾で好きだった球場というとどこですか。

小林 台南が一番投げやすかったですね。マウンドがアメリカみたいに硬くて傾斜があったので、スピードが出て、コントロールが安定しました。マウンドが硬いと下半身を使えるので、体がぶれることなく投げられます。台湾の球場の良いところは、内野も天然芝の球場が多いことです。僕はツーシームを使って力で押して、ゴロを打たせるタイプだったので、内野が天然芝なのはやりやすかったです。それとバント処理が思いっきりできるのも好きでした。

profile
こばやし りょうかん
1979年生まれ、福岡県出身。98年にPL学園高からロッテに入団する。ロッテでは5年間で一軍登板なく戦力外となる。引退後、中日で打撃投手を3年間務めた後、現役復帰を決意。米独立リーグ、四国・九州アイランドリーグを経て、08年から2年間台湾でプレーした。その後、メキシコ、韓国に渡り、13年限りで引退。現在は福岡で「ベースボール」×「フィットネス」をデザインする会員制トレーニングスタジオ、「コビーズベースボールワークアウトスタジオ」を開設している。
http://www.kobesbaseball.com/

──小林さんは2008年に台湾のゴールデングラブ賞、「金手套」を受賞されていますね。

小林 31度の守備機会で失策がゼロだったということが評価されたみたいです。まったく予期せぬ受賞で驚いたのを覚えています。僕は元々ショートを守っていた内野手上がりなので、フィールディングは好きでした。2006年にアメリカ独立リーグでプレーしていた時に、ドミニカ人ショートのネルソン・カストロという守備がうまい選手がいたのですが、彼の動きをこっそり研究したりして、それから守備がしやすくなって、より堅実になったのだと思います。

──台湾で生活されて、食事の面ではいかがでしたか。

小林 美味しいものが多い中で、特に牛肉麺が好きでした。兄弟の選手が通うお店があって、そこの牛肉麺はちょっと辛みが利いていておいしかったです。あとはよだれ鶏、口水鶏ですね。蒸した烏骨鶏を塩で味付けしてあって淡白。肉はあっさりしているんですが、皮のところの脂身が柔らかくていいですね。それと麺線。かつおだしのスープにそうめんのような麺と豚の大腸が入っていて、そこにおろしにんにくと香草を加えるんです。腹持ちがいいので、よく朝食に食べていました。あとは辛い麻辣鍋と白湯スープの二種類の鍋に、スライスされた肉と野菜をしゃぶしゃぶして食べるのも好きでした。それから炒飯はどこで食べても外れなく美味しかったです。

──もっと聞きたいですが、最後に話を野球に戻します（笑）。アジア各国の野球を一言で言うと、「日本はミスをしない野球」、「韓国はミスを補う野球」ではないかと思うのですが、「ミス」という言葉を使って台湾の野球を表すとどんな野球でしょうか。

小林 台湾では味方がミスをするとベンチの中がもの凄く暗くなるんですが、相手がミスをするとそれまでのことは忘れて盛り上がります。気分屋なんですね。日本だと感情を出さないで淡々とやることが求められますが、台湾はベンチの中で陽気に踊ったり、大騒ぎする選手が出てきます。日本では試合の流れというのを気にしますが、台湾は点差がついても結果を決めつけないので、大差で負けていても、それをひっくり返して勝ってしまうというケースがありました。そういうところが魅力の一つなので、「ミスを覆す野球」かもしれません。

台湾でプレーした日本人選手一覧

在籍期間	選手名(CPBLでの登録名)	NPBでの所属球団	台湾での所属球団
1992	小川宗直	西武、中日、近鉄	味全
1993	矢野和哉	ヤクルト	時報
1993-1994	成田幸洋	西武、横浜大洋	俊國
1993	立花義家	西武、阪神	俊國
1993	野中徹博(野中尊制)	阪急、オリックス、中日、ヤクルト	俊國
1994	中井伸之	福岡ダイエー	三商
1995	千代丸亮彦	広島	時報
1995	川島堅	広島	時報
1995	池田郁夫	広島	時報
1995	金子勝裕	NPB在籍経験なし	俊國
1995	菊地原毅	広島、オリックス	時報
1995	鈴木俊雄	千葉ロッテ	味全
1995	鈴木健	広島、横浜	時報
1997	松永幸男	中日	統一
1997-1999	田島俊雄(東鈮)	南海、福岡ダイエー、ロッテ、日本ハム	兄弟
1998	松井隆昌	福岡ダイエー、広島、中日、千葉ロッテ	統一
1998	金森隆浩	中日	統一
1999	小島圭市	巨人、中日	興農
1999	白坂勝史	中日	兄弟
1999-2000	羽根川竜	巨人、千葉ロッテ	兄弟
1999	足利豊	福岡ダイエー、横浜	三商
1999	宮下大輔	NPB在籍経験なし	三商、TML生活雷公
1999	小早川幸二	福岡ダイエー、中日、広島	TML台中金剛
1999-2001	渡辺久信	西武、ヤクルト	TML(年代、遠傳、網客)勇士
1999	佐々木高広	NPB在籍経験なし	TML年代勇士
2000	矢野正之	阪神	和信
2000	有働克也	横浜大洋、横浜、中日	和信
2000-2001	石井丈裕	西武、日本ハム	TML(聲寶、誠泰)太陽
2000-2002	安藤真児	西武	TML(聲寶、誠泰)太陽
2000	伊藤隆偉	阪急、オリックス、巨人	TML媚登峰金剛
2000	江坂政明	近鉄、阪神	TML媚登峰金剛
2000-2002	武藤幸司	NPB在籍経験なし	TML(媚登峰、宏碁)金剛
2000	小島弘務	中日、千葉ロッテ	TML遠傳勇士
2001	斉藤肇	横浜大洋、横浜	兄弟
2001、2006	養父鉄	福岡ダイエー	兄弟
2002	小桧山雅仁	横浜	中信
2002-2003	中山裕章	横浜大洋、中日	中信
2002-2005	中込伸	阪神	兄弟
2002	杉山直樹	巨人	中信
2002	前田勝宏	西武、中日	興農
2002	山原和敏	日本ハム	TML誠泰太陽
2002	加藤博人	ヤクルト、大阪近鉄	TML誠泰太陽
2002	高橋智	阪急、オリックス、ヤクルト	TML誠泰太陽
2002	酒井弘樹	近鉄、阪神	TML宏碁金剛
2003	今井圭吾	日本ハム	兄弟
2003	笹powerful隆	福岡ダイエー、福岡ソフトバンク	中信
2003	吉見宏明	NPB在籍経験なし	統一
2003	部坂俊之	阪神	中信
2003	野々垣武	西武、広島、福岡ダイエー	誠泰太陽
2003-2004	横田久則	西武、千葉ロッテ、阪神	兄弟
2004	入来智	近鉄、広島、近鉄、巨人、ヤクルト	La New
2004	石川雅実	巨人	統一
2004	野村貴仁	オリックス、巨人、日本ハム	誠泰
2005	寺村友和	千葉ロッテ、ヤクルト、大阪近鉄	誠泰
2005	成本年秀	千葉ロッテ、阪神、ヤクルト	統一
2005	佐藤秀樹	中日、西武、ヤクルト	誠泰
2005	武藤潤一郎	千葉ロッテ、日本ハム、西武	兄弟
2006	中村隼人	日本ハム、巨人	兄弟
2006	竹清剛治	千葉ロッテ	興農
2007-2008	井場友和	日本ハム	興農
2007	芝草宇宙	日本ハム、福岡ソフトバンク	興農
2007	栗田雄介	大阪近鉄、オリックス	興農
2007-2008	鈴木誠	オリックス	La New
2007	藤本博史	オリックス	中信
2008-2009	小林亮寛	千葉ロッテ	兄弟
2008	片山文男	ヤクルト	興農
2009-2010、2014	正田樹	日本ハム、阪神、東京ヤクルト	興農、Lamigo
2009	伊代野貴照	阪神	兄弟
2010	高津臣吾	ヤクルト	興農
2012	鎌田祐哉	ヤクルト、東北楽天	統一
2013	河本口バート(河本羅柏特)	NPB在籍経験なし	Lamigo
2013	真田裕貴	巨人、横浜、巨人、東京ヤクルト	兄弟

NPBに在籍した台湾人選手一覧

在籍期間	選手名（NPBでの登録名）	NPBでの所属球団	台湾での所属球団
1980-1983	高英傑	南海	
1980-1983	李来発	南海	
1981-1985	李宗源（三宅宗源）	ロッテ、巨人	
1981-1996	郭源治	中日	統一、和信
1985-1995	荘勝雄	ロッテ	
1985-1997	郭泰源	西武	
1988-1991	呂明賜	巨人	味全、高屏雷公
1989-1990	陳義信（義信）	中日	兄弟、勇士
1989-1991	郭建成	ヤクルト	時報
1989-2002	陳大豊（大豊泰昭）	中日、阪神、中日	
1991-1992	陳大順（大順将弘）	千葉ロッテ	味全
1993-1998	郭李建夫	阪神	和信、中信
1999-2013	蕭一傑	阪神、福岡ソフトバンク	義大
2000-2002	曹竣揚	中日	統一、兄弟
2000-2013	許銘傑（ミンチェ）	西武、オリックス	台中金剛、Lamigo
2002	余文彬	オリックス	興農
2002-2006	張誌家	西武	誠泰太陽、La New
2003	陳文賓	福岡ダイエー	統一、興農、和信、中信
2003-2013	林威助	阪神	中信兄弟
2004-2007	陳偉殷（チェン・ウェイン）	中日	
2005-2008	姜建銘	巨人	興農
2006-	陽岱鋼	北海道日本ハム	
2006-2008	林英傑（インチェ）	東北楽天	高屏雷公、誠泰、興農、義大、中信兄弟
2006-2010	林羿豪	巨人	義大
2006-2013	陽耀勲	福岡ソフトバンク	Lamigo
2007-	李杜軒	福岡ソフトバンク	
2007-2008	呉偲佑	千葉ロッテ	La New
2007-2009	林恩宇	東北楽天	誠泰、兄弟、中信兄弟
2008-2011	李昱鴻	巨人	
2009-2013	鄭凱文	阪神、横浜DeNA	中信兄弟
2010-2011	黄志龍	巨人	統一
2010-2011	林彦峰	千葉ロッテ	興農、義大
2010-2013	王溢正	横浜、横浜DeNA	Lamigo
2011-	陳冠宇	横浜DeNA、千葉ロッテ	
2011-2012	蔡森夫	千葉ロッテ	義大
2015-	郭俊麟	埼玉西武	

台湾のスタジアムにはNPBウェアのファンがいっぱい！

台湾プロ野球で働く日本人

トレーニングコーチ
一色優

1990年に誕生し、20数年の歴史を重ねてきた台湾のプロ野球。
その間、長きに渡り、トレーニングコーチを務めている日本人がいる。
一色優コーチ（44）は97年の渡台以来、2015年で19年目のシーズンを迎えた。

「台湾に来たきっかけは、昔、南海でプレーしていた李来発さんが、97年に和信ホエールズの監督になる時に、知り合いの紹介でトレーナーのアシスタントをやることになりました。台湾に来るのはその時が初めて。喋れる中国語は"ニーハオ"と"シェイシェイ"だけでした。その時はこんなに長く台湾にいるとは想像すらしていませんでした」。訪台当初は語学学校に通いながら活動。現在では流暢な中国語で選手たちとコミュニケーションを取っている。

日本でマッサージやストレッチの経験はあった一色コーチだったが、台湾ではトレーニングコーチとして、選手の体の管理をすべて任されることになった。「2001年限りで李来発さんが監督を退かれた時、僕も日本に帰りました。そこで、それまでは本格的にトレーニングの勉強をしたことがなかったので、その翌年の2002年はアスレチックトレーナーの学校に通うことにしました。すると、2002年の秋季キャンプに統一ライオンズの監督になった謝長亨さんとヘッドコーチの中本茂樹さんに招聘されて、再び台湾に行くことになったんです」それ以来、一色コーチの台湾でのトレーニングコーチ生活は現在まで続いている。

一人で一軍全選手のコンディションを見ている一色コーチ。大変ではないのか。「どうしてもやれることは限られます。しかし一部の選手はテーマを持って熱心に取り組むので、そういった選手にはこちらからプログラムを提供したりしています。トレーニングだけではなく食事に関しても栄養面に気を遣っている選手は少ないので、その辺りも腰を据えて考えるような選手が出てきて欲しいですね」。

長年、台湾プロ野球に携わっている一色コーチ。一色コーチが選ぶ今の台湾球界で一番のお勧め選手は誰か。「Lamigoの林泓育選手です。パワーがあるバッターですが、うまさもあってすべての方向に打てます。そして選球眼も良いです。大柄な体型ですが結構走れるというのも良いですね。プレミア12でも台湾代表に入っているので注目してみるといいと思います」。

profile
いっしき まさる
1971年生まれ、大阪府出身。25歳の時に台湾に渡って以来、1年のブランクを挟み、44歳の現在まで台湾球界でトレーニングコーチを務めている。

歴代記録

年度	MVP	チーム名	位置	防御率/打率	試合数/試合数	勝利/打点	敗戦/安打	セーブ/本塁打	投球回/盗塁	三振/長打率
1993	陳義信	兄弟	投手	1.92	32	20	7	0	258.1	167
1994	陳義信	兄弟	投手	2.61	33	22	4	2	241.1	146
1995	郭進興	統一7-ELEVEn	投手	2.31	32	20	7	1	210.1	125
1996	郭進興	統一7-ELEVEn	投手	2.57	34	20	4	1	185.1	123
1997	凱撒 (Michael Garcia賈西)	味全	投手	1.89	50	7	4	20	104.2	128
1998	怪力男 (Jay Kirkpatrick)	興農	内野手	.387	104	101	137	31	0	.732
1999	曹竣揚	統一7-ELEVEn	投手	2.48	23	11	5	0	141.1	116
2000	楓康 (Mark Kiefer)	興農	投手	1.62	33	20	3	1	217.1	134
2001	羅敏卿	統一7-ELEVEn	内野手	.357	82	50	97	7	1	.500
2002	宋肇基	中信	投手	2.13	32	16	8	0	206.2	183
2003	張泰山	興農	内野手	.328	100	94	130	28	22	.614
2004	凱撒 (Michael Garcia賈西)	統一7-ELEVEn	投手	0.71	53	7	1	26	89	140
2005	林恩宇	誠泰	投手	1.72	31	12	8	4	167.2	152
2006	林恩宇	誠泰	投手	1.73	31	17	8	2	202.2	209
2007	高國慶	統一7-ELEVEn	内野手	.358	100	89	152	20	0	.560
2008	強森 (Mike Johnson)	La new	投手	2.45	27	20	2	1	183.2	107
2009	林益全	興農	内野手	.348	120	113	169	18	6	.543
2010	彭政閔	兄弟	内野手	.357	117	65	138	8	20	.481
2011	林泓育	Lamigo	捕手	.321	116	106	141	22	1	.544
2012	周思齊	兄弟	外野手	.365	118	91	158	21	4	.587
2013	林益全	義大	内野手	.357	113	79	149	18	4	.549
2014	林益全	義大	内野手	.346	119	88	161	14	1	.510

年度	新人王	チーム名	位置	防御率/打率	試合数/試合数	勝利/打点	敗戦/安打	セーブ/本塁打	投球回/盗塁	三振/長打率
1993	曾貴章	時報	外野手	.337	85	47	109	7	15	.477
1994	羅國璋	統一7-ELEVEn	内野手	.316	76	35	93	0	10	.364
1995	該当者なし	---	---	---	---	---	---	---	---	---
1996	張泰山	味全	内野手	.333	94	72	112	16	7	.565
1997	闕壯鎮	和信	外野手	.263	93	31	93	0	31	.348
1998	戴龍水	三商	投手	3.28	15	5	1	0	71.1	22
1999	曹竣揚	統一7-ELEVEn	投手	2.48	23	11	5	0	141.1	116
2000	馮勝賢	兄弟	内野手	.291	90	34	98	5	15	.386
2001	陳致遠	兄弟	外野手	.375	30	30	45	6	3	.667
2002	蔡仲南	興農	投手	3.49	25	14	9	0	149.2	113
2003	潘威倫	統一7-ELEVEn	投手	2.44	28	13	8	0	166.1	104
2004	石志偉	La new	内野手	.286	100	45	117	1	13	.362
2005	林恩宇	誠泰	投手	1.72	31	12	8	4	167.2	152
2006	陳冠任	兄弟	外野手	.349	88	54	111	10	0	.516
2007	潘武雄	統一7-ELEVEn	外野手	.319	92	44	115	6	3	.431
2008	林其緯	興農	投手	3.90	38	9	8	5	115.1	100
2009	林益全	興農	内野手	.348	120	113	169	18	6	.543
2010	王鏡銘	統一7-ELEVEn	投手	3.83	22	10	3	0	124.2	85
2011	官大元	兄弟	投手	3.46	45	10	5	1	114.1	91
2012	傅于剛	統一7-ELEVEn	投手	1.20	48	4	1	0	67.2	63
2013	郭修延	Lamigo	内野手	.314	60	26	64	1	3	.368
2014	藍寅倫	Lamigo	外野手	.339	88	39	94	4	20	.462

歷代打擊成績

年度	首位打者	チーム名	打率
1990	王光輝	兄弟	.342
1991	鷹俠 (Luis Iglesias)	三商	.331
1992	卡羅 (Juan Castillo)	統一	.326
1993	曾貴章	時報	.337
1994	康雷 (Angel Gonzalez)	三商	.360
1995	康雷 (Angel Gonzalez)	三商	.354
1996	路易士 (Luis Santos)	兄弟	.375
1997	德伍 (Robert Wood)	兄弟	.373
1998	怪力男 (Jay Kirkpatrick)	興農	.387
1999	洪啟峰	和信	.333
2000	黃忠義	興農	.354
2001	羅敏卿	統一	.357
2002	陳健偉	中信	.334
2003	彭政閔	兄弟	.355
2004	彭政閔	兄弟	.376
2005	彭政閔	兄弟	.339
2006	陳冠任	兄弟	.349
2007	陳金鋒	La new	.382
2008	彭政閔	兄弟	.391
2009	潘武雄	統一7-ELEVEn	.367
2010	彭政閔	兄弟	.357
2011	張正偉	兄弟	.351
2012	潘武雄	統一7-ELEVEn	.388
2013	林益全	義大	.357
2014	胡金龍	義大	.350

年度	本壘打王	チーム名	本壘打
1990	鷹俠 (Luis Iglesias)	三商	18
1991	林仲秋	三商	16
1992	林仲秋	三商	24
1993	哥雅 (Leonardo Garcia)	三商	20
1994	坎沙諾 (Campusano Silvestre)	味全	25
1995	廖敏雄	時報	22
1996	鷹俠 (Luis Iglesias)	三商	31
1997	羅得 (Fredinand Rodriguez)	統一	27
1998	怪力男 (Jay Kirkpatrick)	興農	31
1999	德伍 (Robert Wood)	兄弟	19
2000	林仲秋	興農	15
2001	林仲秋	興農	18
2002	陳文賓	中信	26
2003	張泰山	興農	28
2004	張泰山	興農	21
2005	謝佳賢	誠泰	23
2006	張泰山	興農	24
2007	布雷 (Tilson Brito)	統一	33
2008	布雷 (Tilson Brito)	統一7-ELEVEn	24
2009	林智勝	La new	31
2010	林智勝	La new	21
2011	林泓育	Lamigo	22
2012	林智勝	Lamigo	24
2013	林益全	義大	18
2014	高國輝	義大	18

年度	打点王	チーム名	打点
1990	鷹俠 (Luis Iglesias)	三商	58
1991	吉彌 (Jim Ward)	味全	59
1992	林克 (Francisco Laureano)	統一	68
1993	廖敏雄	時報	60
1994	喬治 (George Hinshaw)	時報	78
1995	路易士 (Luis Santos)	兄弟	72
1996	鷹俠 (Luis Iglesias)	三商	90
1997	德伍 (Robert Wood)	兄弟	94
1998	怪力男 (Jay Kirkpatrick)	興農	101
1999	張泰山	味全	70
2000	黃忠義	興農	51
2001	林仲秋	興農	54
2002	蔡豐安	兄弟	84
2003	陳致遠	兄弟	97
2004	張泰山	興農	86
2005	謝佳賢	誠泰	74
2006	陳金鋒	La new	81
2007	布雷 (Tilson Brito)	統一	107
2008	布雷 (Tilson Brito)	統一7-ELEVEn	102
2009	林益全	興農	113
2010	林智勝	Lamigo	79
2011	林泓育	Lamigo	106
2012	張泰山	統一7-ELEVEn	96
2013	張泰山	統一7-ELEVEn	90
2014	林益全	義大	88

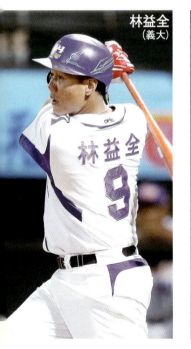

林益全 (義大)

年度	盗壘王	チーム名	盗壘
1990	林易增	味全	34
1991	林易增	味全	34
1992	林易增	兄弟	47
1993	林易增	兄弟	41
1994	林易增	兄弟	33
1995	張耀騰	俊國	45
1996	賀亮德 (Cesar Hernandez)	統一	36
1997	大帝士 (Bernardo Tatis)	味全	71
1998	大帝士 (Bernardo Tatis)	味全	65
1999	黃甘霖	統一	54
2000	黃甘霖	統一	42
2001	黃甘霖	統一	40
2002	黃甘霖	統一	42
2003	黃甘霖	統一	49
2004	鄭兆行	興農	31
2005	陽森	統一	25
2006	余賢明	興農	27
2007	黃龍義	La new	27
2008	王勝偉	兄弟	24
2009	王勝偉	兄弟	42
2010	鄭達鴻	興農	31
2011	張正偉	兄弟	33
2012	張志豪	兄弟	22
2013	王勝偉	兄弟	29
2014	林智平	Lamigo	31

年度	最多安打	チーム名	安打
1990	林易增	味全	116
1991	吉彌 (Jim Ward)	味全	101
1992	羅敏卿	統一	104
1993	曾貴章	時報	109
1994	路易士 (Luis Santos)	兄弟	125
1995	路易士 (Luis Santos)	兄弟	136
1996	曾貴章	時報	143
1997	德伍 (Robert Wood)	兄弟	139
1998	怪力男 (Jay Kirkpatrick)	興農	137
1999	百樂 (Juan Parra)	和信	111
2000	黃忠義	興農	115
2001	楊松弦	和信	105
2002	黃忠義	興農	107
2003	陳致遠	兄弟	137
2004	彭政閔	兄弟	127
2005	陽森	統一	121
2006	張泰山	興農	130
2007	高國慶	統一	152
2008	陳冠任	兄弟	139
2009	威納斯 (Wilton Veras)	興農	176
2010	張泰山	興農	142
2011	張正偉	兄弟	170
2012	張正偉	兄弟	170
2013	林益全	義大	149
2014	胡金龍	義大	162

歷代投手成績

年度	最優秀防禦率	隊伍	防禦率	年度	最多勝	隊伍	勝利數	年度	最多奪三振	隊伍	三振
1990	史東 (Joseph Strong)	味全	1.92	1990	黃平洋	味全	20	1990	瑞奇 (Enrique Burgos)	統一	177
1991	黃平洋	味全	1.89	1991	史東 (Joseph Strong)	味全	15	1991	瑞奇 (Enrique Burgos)	統一	138
1992	牛沙勒 (Julio Solano)	三商	1.95	1992	陳義信	兄弟	16	1992	瑞奇 (Enrique Burgos)	統一	131
1993	陳義信	兄弟	1.92	1993	王漢 (Jose Nunez)	統一	22	1993	黃平洋	味全	184
1994	王漢 (Jose Nunez)	統一	2.08	1994	陳義信	兄弟	22	1994	威爾 (William Flynt)	俊國	200
1995	王漢 (Jose Nunez)	統一	1.88	1995	郭進興	統一	20	1995	王漢 (Jose Nunez)	統一	167
1996	勞勃 (Robert Wishnevski)	兄弟	1.68	1996	郭進興	統一	20	1996	凱撒 (Michael Garcia賈西)	味全	183
1997	凱撒 (Michael Garcia賈西)	味全	1.89	1997	吳俊良	統一	15	1997	瑞奇 (Enrique Burgos)	兄弟	177
1998	凱文 (Kevin Henthorne郝有力)	和信	2.10	1998	楓康 (Mark Kiefer)	興農	17	1998	勇壯 (Osvaldo Martinez)	興農	143
1999	馬來寶 (Carlos Mirabal)	和信	1.88	1999	凱文 (Kevin Henthorne郝有力)	中信	15	1999	楓康 (Mark Kiefer)	興農	155
2000	楓康 (Mark Kiefer)	興農	1.62	2000	楓康 (Mark Kiefer)	興農	20	2000	風神 (Jonathan Hurst)	兄弟	139
2001	蕭任汶	兄弟	1.40	2001	柏格 (John Burgos)	統一	18	2001	養父鐵	兄弟	166
2002	宋肇基	中信	2.14	2002	宋肇基	中信	16	2002	宋肇基	中信	183
2003	威森 (John Frascatore)	統一	1.80	2003	橫田久則	兄弟	16	2003	勇壯 (Osvaldo Martinez)	興農	182
2004	林英傑	誠泰	1.73	2004	風神 (Jonathan Hurst)	兄弟	17	2004	林英傑	誠泰	203
2005	林恩宇	誠泰	1.72	2005	戰玉飛 (Lenin Picota必可)	興農	16	2005	林英傑	誠泰	174
2006	林恩宇	誠泰	1.74	2006	林恩宇	誠泰	17	2006	林恩宇	誠泰	209
2007	彼得 (Pete Munro)	統一	2.03	2007	潘威倫	統一	16	2007	喬伊 (Joey Dawley)	兄弟	153
2008	廖于誠	兄弟	2.32	2008	強森 (Mike Johnson)	La new	20	2008	倪福德	中信	132
2009	潘威倫	統一7-ELEVEn	3.31	2009	正田樹	興農	14	2009	正田樹	興農	115
2010	卡斯帝 (Carlos Castillo)	兄弟	2.18	2010	卡斯帝 (Carlos Castillo)	兄弟	14	2010	羅曼 (Orlando Roman)	兄弟	142
2011	銳 (Ken Ray)	Lamigo	2.85	2011	羅曼 (Orlando Roman)	兄弟	16	2011	羅曼 (Orlando Roman)	兄弟	161
2012	強納森 (Jon Leicester)	統一7-ELEVEn	2.49	2012	鎌田祐哉	統一7-ELEVEn	16	2012	迪薩猛 (Matt DeSalvo)	Lamigo	137
2013	希克 (Andrew Sisco)	義大	2.70	2013	林晨樺	義大	15	2013	羅力 (Mike Loree 雷力)	Lamigo	152
2014	鄭凱文	中信兄弟	2.48	2014	鄭凱文	中信兄弟	11	2014	黃勝雄	義大	119

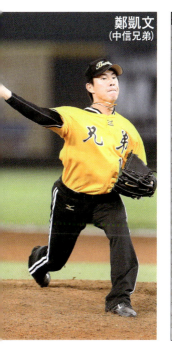

鄭凱文
(中信兄弟)

年度	最優秀救援	隊伍	セーブ
1990	湯尼 (Tony Metoyer)	統一	9
1991	湯尼 (Tony Metoyer)	統一	20
1992	瓊茲 (Alfornia Jones鍾斯)	兄弟	18
1993	郭進興	統一	18
1994	郭建成	時報	23
1995	郭建成	時報	17
1996	凱撒 (Michael Garcia賈西)	味全	29
1997	凱撒 (Michael Garcia賈西)	味全	20
1998	凱撒 (Michael Garcia賈西)	味全	26
1999	布萊恩 (Brian Draham)	統一	22
2000	羅薩 (Maximo Rosa)	統一	13
2001	林朝煌	統一	20
2002	郭李建夫	中信	16
2003	魔銳 (Ramon Morel世介勇)	興農	23
2004	凱撒 (Michael Garcia賈西)	統一	26
2005	達威 (Dario Veras)	中信	24
2006	郭勇志	興農	17
2007	泰德 (Todd Moser)	兄弟	13
2008	飛鵬 (Jermaine van Buren)	La new	20
2009	林岳平	統一7-ELEVEn	26
2010	庫倫 (Ryan Cullen)	兄弟	34
2011	許銘倇	Lamigo	30
2012	湯瑪仕 (Brad Thomas)	兄弟	23
2013	湯瑪仕 (Brad Thomas)	兄弟	26
2014	米吉亞 (Miguel Mejia)	Lamigo	35

年度	最優秀中繼ぎ	隊伍	ホールド
2005	曾翊誠	統一	11
2006	李明進	誠泰	18
2007	王勁力	兄弟	12
2008	沈柏蒼	統一7-ELEVEn	14
2009	麥特 (Matt Perisho)	兄弟	23
2010	曾兆豪	La new	25
2011	高建三	統一7-ELEVEn	26
2012	高建三	統一7-ELEVEn	20
2013	真田裕貴	兄弟	32
2014	陳禹勳	Lamigo	30

米吉亞
(Miguel Mejia
＝前Lamigo)

2015年CPBL実施要項

球団数：4
公式戦試合数：120試合（チーム間40試合対戦）
前期開幕：3月21日
後期開幕：7月3日
延長戦：12回まで。時間制限なし

外国人選手登録
一軍登録人数：3人まで
ベンチ入り：3人まで（同時出場2人まで）
登録期限：8月31日

プレーオフ方式
❶ 前、後期の公式戦1位チームが異なる場合
　前期1位と後期1位で台湾シリーズを実施する（7戦4勝制）
❷ 前、後期の公式戦1位チームが同じ場合
　(1) 年間勝率2位対3位でプレーオフを実施する（5戦3勝制）
　(2) プレーオフ勝者と年間勝率1位で台湾シリーズを実施する（7戦4勝制）
❸ 前、後期の公式戦1位チームのいずれも、年間勝率が1位ではない場合
　(1) 前、後期の公式戦1位のうち、勝率が低いチームと年間勝率1位チームでプレーオフを実施（5戦3勝制）
　(2) プレーオフの勝者と前、後期の公式戦1位のうち、勝率が高いチームで台湾シリーズを実施する（7戦4勝制）

台湾プロ野球の歴史

戦後のあゆみ

　戦後、中華民国が台湾を接収した。当初、政府の野球への関心は低かったが、1960年代後半、中華民国（台湾）が外交的に孤立する中、国威発揚を目的とし、高い実力をもっていた少年野球の強化が進んだ。1970年代、小、中、高の代表は米リトルリーグの世代別世界大会で目覚ましい成績を挙げ、野球は国民的人気スポーツになっていく。1980年代に入ると成人世代も国際大会で活躍。1984年のロサンゼルス五輪では郭泰源（のちに西武）の活躍などで銅メダルを獲得した。しかし、この時代、アマチュアトップ選手のプレー環境は十分とはいえず、多くはより良い活動の場を求めて、日本のプロや社会人チームに渡って行った。

プロ野球の誕生

　1980年代、経済発展、社会体制の変化の中でプロ野球誕生を望む声が高まった。こうした中、その発足に尽力したのが兄弟ホテルの洪騰勝氏である。洪氏はまずアマチームを設立。発足後の準備を始めるとともに、参入企業探しに奔走し、結果、味全、統一、三商が参入に合意した。1989年、台湾プロ野球を運営する中華職業棒球聯盟（CPBL）が設立され、1990年3月17日、兄弟エレファンツ、統一ライオンズ、味全ドラゴンズ、三商タイガースの4チームにより、アジアで3番目となるプロ野球リーグが誕生した。

　公式戦は前後期45試合ずつ90試合行われ、台湾シリーズでは後期優勝の味全が、前期優勝の三商を下し初代王者となった。また、日本でプレーしていた選手が次々に帰国し、リーグを盛り上げていった。

　1992年、台湾代表がバルセロナ五輪で銀メダルを獲得したことで野球人気はさらにアップし、1試合の平均観客動員数は6878人（現在までの最多）に達した。翌年には同五輪代表の主力を中心とする時報イーグルス、俊国ベアーズが加盟し球団数は6つになった。

日本人指導者の席巻、
日本人「助っ人」の入団

　1990年、引地信之(元大洋など)がコーチとして前期低迷した統一を上位に引き上げたこと、また森下正夫（元南海など）、山根俊英(元大洋など)が率いた兄弟が1992年から3連覇を果たしたことで日本人指導者の評価が高まり、1995年には6球団中5球団が日本人監督となった。

　また、1992年から日本人選手も各球団に入団。この時代、最も活躍した日本人選手は浪人期間を経て1993年に俊国に入団した野中徹博である。野中は15勝をあげ、翌年中日入りし、NPB復帰を果たした。

八百長事件、新リーグ誕生

　1995年に試合数が年間100試合となった後も順調な発展を遂げていたが、1996年にショッキングな事件が発覚する。八百長事件である。後に選手数十名が八百長に関与していたことがわかり、ファンは大きく失望した。この影響で時報は1998年に解散。1999年には三商、そして三連覇を決めたばかりの味全も解散に追い込まれた。

　1996年に興農が俊国から球団経営権を獲得、翌年から興農ブルズとなった。また、1997年に和信（のちの中信）ホエールズが7球団目として加盟したが、3球団が解散したことで、2000年から再び4球団となった。

　八百長事件と共に、この時代台湾プロ野球を揺るがしたのは新リーグの設立である。1992年からCPBL加盟を申請しながら認められなかった声宝と、放映権争いに敗れた年代テレビが1995年、那魯湾（ナルワン）股份有限公司を設立。第二のリーグ、台湾職業棒球大聯盟（TML）運営を決めた。那魯湾はCPBLの主力選手を積極的に獲得し、1997年2月28日、台北太陽、台中金剛、嘉南勇士、高屏雷公の4チームによりリーグは開幕した。

NPBで活躍した大物投手の入団

　八百長と主力選手の引き抜きによりCPBLの観客動員数が激減する中、1997年に中日で大活躍した郭源治が統一入り。1999年にはバルセロナ五輪銀メダル獲得の立役者、郭李建夫（元阪神）が和信に入団した。

　一方、郭泰源が技術顧問を担当していたTMLには、西武の黄金時代を支えた渡辺久信と石井丈裕が加わった。2人は選手・指導者兼任ながら最多勝と最優秀防御率に輝いた。

中華職棒 台湾プロ野球の歴史 ❷

野球人気復活へ、リーグ合併

2001年台湾で行われたワールドカップで張誌家（のちに西武）、陳金鋒（当時はドジャース傘下）らの活躍で3位になり、また2002年にアマ球界を代表する投手、蔡仲南が興農に入団したことでCPBLは人気復活の兆しをみせた。一方、TMLは次第に選手層の薄さが露呈、両リーグの合併を望む声が高まった。

2003年1月、両リーグは合併し、中華職業棒球大聯盟（CPBL）となった。合併にあたり元CPBLは4球団が維持されたが、元TML4球団は第一金剛（のちにLa newベアーズ）と、誠泰太陽（のちに誠泰コブラス）の2球団となり、6球団となった。

日本人指導者、選手たちの活躍

2000年以降も多くの日本人指導者・選手が活躍した。兄弟では榊原良行（元阪神等）が内野守備コーチとしてチームを鍛え、2回目の3連覇に貢献。トレーニングコーチの一色優は1997年から和信、2003年からは統一のコーチとなり、現在もチームを支えている。

選手では、2001年に兄弟に入団した養父鉄（のちにダイエー）が最多奪三振のタイトルを獲得したほか、台湾シリーズ優勝に貢献。2003年には横田久則（元西武等）が兄弟で最多勝、最多奪三振のタイトルを獲得した。また中山裕章（元中日等）は中信、中込伸（元阪神等）は兄弟で主力として活躍、中込は後にコーチ、監督を務めた。

近年は以前と比べ日本人選手は減ったが、2009年に正田樹（元阪神等）が興農で最多勝、2013年には真田裕貴（元横浜等）が兄弟でホールド王に輝いた。2010年には興農に高津臣吾（元ホワイトソックス等）が入団。初の日本人元大リーガーの台湾入りは話題となった。

再び苦難の時代

2000年に1676人まで落ち込んだ平均観客動員は、12年ぶりの出場となったアテネ五輪の年、2004年には3505人まで回復した。2005年から始まったアジアシリーズでは、2006年、La newが林智勝の活躍などで決勝進出、日本ハムに惜敗するも実力アップを印象づけた。

しかし、ファンの期待を裏切るかのように2005年以降、毎年のように八百長事件が発生する。誠泰を引き継いだ米迪亞ティー・レックスは2008年オフ、球団ぐるみの八百長が発覚し除名処分となり、同年中信も解散に追い込まれた。また、2009年の事件では兄弟を中心に各チームの監督、主力を含む数十人の選手が永久追放処分となり、この時期から老舗球団の経営にも危機が囁かれるようになった。2012年オフには興農が義聯グループに、2013年オフには兄弟が、中信グループ関連会社に球団を売却。興農は義大ライノス、兄弟は中信兄弟となった。また、La newベアーズは2011年、北部の桃園県（現桃園市）に本拠地を移転、チーム名をLamigoモンキーズに改めた。

WBC8強、ラミレスフィーバー、応援革命による人気復活

2013年シーズンの開幕前、台湾プロ野球に追い風が吹いた。WBCにおける代表チームの快進撃である。死のグループと言われた第1ラウンドを突破し、第2ラウンドで日本をあと一歩まで追い込んだ大健闘にファンは感動した。また義大がMLBの超大物、マニー・ラミレスを獲得、大きな話題となり、平均観客動員数は21年ぶりに6000人台を記録した。

また、韓国式のアンプを使った応援、チアガールの増員、本拠地内野席を全てホーム用とするなど、ファンを楽しませるための「応援革命」を行ったLamigoはリーグの人気チームとなり、他チームにも大きな影響を与えた。

近年は資金力のある親会社が増え、プレー環境が改善したこともあり、アメリカや日本でプレーしていた選手たちも続々と帰国。特に打者のレベルが向上している。

「人気復活」3年目となった2015年シーズンも安定した人気を誇っており、今、ファンからはチーム増を望む声が出ている。

中国語で野球用語を覚えよう

守備位置
- 中外野手 ジョン ワイ イェ ショウ
- 左外野手 ツオ ワイ イェ ショウ
- 右外野手 ヨウ ワイ イェ ショウ
- 遊撃手 ヨウ ジー ショウ
- 二塁手 アー レイ ショウ
- 三塁手 サン レイ ショウ
- 一塁手 イー レイ ショウ
- 投手 トウ ショウ
- 指定打撃 ジー ディン ダー ジ
- 捕手 ブー ショウ

日本語	中国語
あ	
相手チーム	對手（ドゥイ ショウ），對戰球隊（ドゥイジャン チョウドゥイ）
アウト	出局（チュ ジュ）
アウトコース	外角球（ワイジャオ チョウ）
安打	安打（アン ダ）
インコース	内角球（ネイジャオ チョウ）
打つ	擊球（ジー チョウ）
雨天中止	因雨延賽（インユ イェンサイ）
回　裏	局　下（ジュー シア）
延長戦	延長賽（イェン チャン サイ）
抑え投手	終結者（ジョン ジェ ジェ），守護神（ショウ フー シェン）
オープン戦	熱身賽（レー シェン サイ）
回　表	局　上（ジュー シャン）
オールスター戦	明星賽（ミン シン サイ）
か	
開幕戦	開幕戰（カイ ムー ジャン）
外野	外野（ワイ イェ）
カーブ	曲球（ジュー チョウ）
空振り	揮棒落空（フィ バン ルオ コン）
完投	完投（ワン トウ）
監督	總教練（ゾン ジャオ リェン）
完封	完封（ワン フォン）
送りバント	犧牲觸撃（シー シェン チュー ジー），犠牲短打（シー ション ドゥアン ダ）
犠牲フライ	高飛犠牲打（ガオ フィ シー シェン ダ）
球場	球場（チョウ チャン）
球審	主審（ジュー シェン）
球団	球團（チョウ トゥアン）
敬遠四球	故意四壊球（グー イー スー ファイ チョウ）
牽制	牽制（チェン ジー）
公式戦	例行賽（リー シン サイ）
紅白戦	紅白戰（ホン バイ ジャン），紅白對抗賽（ホン バイ ドゥイ カン サイ）
ゴロ	滾地球（グン ディー チョウ）
さ	
サイクルヒット	完全打撃（ワン チュエン ダー ジ）
サヨナラ	再見安打（ザイ ジェン アン ダ）
三振	三振（サン ジェン）
残塁	残塁（ツァン レイ）

日本語	中国語
GM	領隊（リン ドゥイ）
四球	四壞球保送（スー ファイ チョウ バオ ソン）
死球	觸身球（チュー シェン チョウ）
自責点	自責分（ズー ゼ フェン）
失策	失誤（シー ウー）
失投	失投球（シー トウ チョウ）
首位打者	打撃王（ダー ジ ワン）
出塁	上壘（シャン レイ）
守備	守備（ショウ ベイ）
順位	排名（パイ ミン）
勝率	勝率（シェン リュー）
勝利	贏球（イン チョウ）
勝利打点	勝利打點（シェン リュー ダー ディェン）
人工芝	人工草皮（レン ゴン ツァオ ピー）
新人	新人（シン レン）
審判	裁判（ツァイ パン）
ストライク	好球（ハオ チョウ）
	※カウントは◯好◯壊（◯は数字）
先発	先發投手（シェン ファ トウ ショウ）
送球	傳球（チュアン チョウ）
走者	跑者（パオ ジェ）
た	
代走	代跑（ダイ パオ）
代打	代打（ダイ ダ）
打撃	打撃（ダー ジ）
打者	打者（ダー ジェ）
打順	打撃順序（ダー ジ シュン シュ）
打数	打數（ダー シュー）
打席	打席（ダー シ）
打点	打點（ダー ディェン）
打率	打撃率（ダー ジ リュー）
長打	長打（チャン ダ）
天然芝	天然草皮（ティェン ラン ツァオ ピー）
投球	投球（トウ チョウ）
盗塁	盗壘（ダオ レイ）
得点	得分（デ フェン）
な	
ナイトゲーム	夜間比賽（イェ ジェン ビ サイ）
内野	内野（ネイ イェ）
流し打ち	推打（トゥイ ダ）
	※引っ張りは「拉打（ラー ダ）」
中継ぎ	中繼投手（ジョン ジー トウ ショウ）
は	
バッテリー	投捕搭檔（トウ ブー ダー ダン）
バット	球棒（チョウ バン）
判定	判定（パン ディン）
控え	替補球員（ティ ブー チョウ ユェン），板凳球員（バン デン チョウ ユェン）
	※板発はベンチ
ビジター	客場（コー チャン）
ファウルボール	界外球（ジェ ワイ チョウ）
ファン	球迷（チョウ ミー）
フォークボール	指叉球（ジ チャー チョウ）
フライ	高飛球（ガオ フェイ チョウ）
併殺	雙殺（シュアン シャー）
変化球	變化球（ビェン ファ チョウ）
防御率	自責率（ズー ゼ フェン リュー），防禦率（ファン ユー リュー）
暴投	暴投（バオ トウ）
	※野手の悪送球は「暴傳（バオ チュアン）」
ボーク	投手犯規（トウ ショウ ファン グィ）
ボール	壞球（ファイ チョウ）
ホームラン	全壘打（チュエン レイ ダ）
ま	
満塁	満壘（マン レイ）
や	
野手	野手（イェ ショウ）

※台湾では、注音符号とよばれる「ㄅㄆㄇㄈ」などの37の符号を組み合わせることで発音を表記します。しかし、中国語学習歴のない方がこの符号をいきなり読むことは難しいため、本書では便宜的にカタカナで表記しています。

なお、中国語の音の中にはカタカナでは書き表しにくいものが多々あり、さらに全ての漢字には四声と呼ばれる高低アクセントもあります。そのため、カタカナ表記はあくまでも参考として捉えてください。正確な発音を知りたい方は球場で、台湾のファンと交流し、知りたい単語を指差し、実際に発音をしてもらうのもお勧めです。

野球観戦で使える台湾華語(台湾中国語)

実際に使いやすいように、極力、短文で記しました。便宜的にカタカナで表記していますが、中国語にはカタカナでは表記できない音、さらに「四声」と呼ばれる高低アクセントもあるため、なかなか通じない可能性があります。その際は直接指差しで聞きましょう。

タクシーで
野球場へ行ってください
チン ダオ バン チョウチャン
請到棒球場

街で
野球場どこですか？
チン ウェン バン チョウチャン ザイ ナー リ
請問棒球場在哪裡？

街で
きょう、試合ありますか？
ジン ティエン ヨウ ビー サイ マ
今天有比賽嗎？

球場周辺で
今日の試合、何時開始ですか？
ジン ティエン ダ ビー サイ ジー ディエン カイ シ
今天的比賽,幾點開始？

球場周辺で
券売所はどこですか？
ショウピィヤオチュー ザイ ナー リ
售票處在哪裡？

球場周辺で
グッズを買いたいです
ウォ シャン マイ ジョウビェンシャン ピン
我想買周邊商品

球場周辺で
内野席(外野席)どっちですか？
ネイ イェ (ワイ イェ) グアンジョン シー ザイ ナー リ
內野(外野)觀眾席在哪裡？

券売所で
※外野席は大人子ども同料金
内野席大人(子供)一枚(二枚、三枚、四枚)下さい
ネイ イェ チュエンピィアオ (バンピィアオ) イージャン (リャンジャン サンジャン)
內野全票(半票)一張(兩張,三張)

場内で
トイレ(グッズ売り場orフードショップ)はどこですか？
シーショウジェン (シャンピンブー or シーピンファンマイブー) ザイナー リ
洗手間(商品部or食品販賣部)在哪裡？

お隣さんに
ここ空いていますか？
チェー ガ ウェイ ズ ヨウ レン ズォ マ
這個位子有人坐嗎？

お隣さんに
応援のやり方(コール)を教えてください
チン ジャオ ウォ ジャー ヨウ ファン シー (ジャー ヨウ コウ ハオ)
請教我加油方式(加油口號)

お隣さんに
日本から来ました
ウォ ライ ズー リー ベン
我來自日本

選手に
サインしてください
チン バン ウォ チェン ミン
請幫我簽名

選手に
写真撮ってもいいですか？
コー イー パイ ジャオピェン マ
可以拍照片嗎？

選手に
ファンです
ウォ シー ニー ダ フェン スー
我是你的粉絲

選手に
カッコいいです
ニー ヘン シュアイ
你很帥

この本について説明する
日本の野球ファンのために台湾プロ野球を紹介した本です
ジェー シー ウェイ ラ ゲイ リー ベン チョウ ミー ジェ シャオ ジョン ファ ジー バン アー チュー バン ダ シュー
這是爲了給日本球迷介紹 中華職棒而出版的書

KANO ―カノ―
1931海の向こうの甲子園

1931年、日本統治下時代の台湾から甲子園に出場した実在のチームを描く感動作。台湾で歴史的な大ヒットを樹立し、日本でも連日劇場満席状態の大ヒットを記録した話題作が遂にBlu-ray&DVD化決定！

©果子電影

知っていましたか？
かつて甲子園に、
台湾代表が出場していた事を―。

1931年、日本統治時代の台湾から甲子園に出場し決勝まで勝ち進んだ、日本人、台湾人（漢人※注1）、台湾原住民※注2による「嘉義農林学校」野球部＜KANO＞の感動の実話が、台湾映画最大級の製作費をかけて映画化！
超大作エンターテインメントがＤＶＤになって登場です！

※注1：中国大陸から移住した漢民族の子孫　※注2：台湾の先住民の正式な呼称

おススメポイント！

日台混合キャストが共演！
鬼監督・近藤兵太郎部監督を演じるのは、永瀬正敏。大沢たかおは、"嘉南大圳の父""烏山頭ダムの父"と呼ばれる八田與一を演じた。良妻賢母の妻役に坂井真紀。と日本でも一流の俳優陣と共に嘉義ナインには「5年以上の野球経験がある」を基準としたオーディションで選ばれたメンバーが集結。中でもエースピッチャー呉明捷（ご・めいしょう）・通称アキラを演じたツァオ・ヨウニン（曹佑寧）は映画公開と共に台湾での新鋭スターとなるが、現在も台湾大学野球の現役選手として活躍している。

台湾で興行収入10億円のメガヒット！
台湾では1億台湾ドルを越えると大ヒットと言われる中、『KANO～1931 海の向こうの甲子園～』は3億台湾ドルを突破。3ヶ月のロングランとなった。公開初日は、映画館が建ち並ぶ若者の街西門町は、満員で映画館に入れない人であふれかえった。

勢いづく台湾映画界での熱血青春映画！
『海角七号／君想う、国境の南』や『セデック・バレ』のウェイ・ダーション（魏徳聖）監督が、これらに続いて日本と台湾を描いた3作目の映画として、この作品の製作総指揮を務めた。今回、監督としてメガホンをとるのは、『セデック・バレ』で原住民の頭目役を演じた俳優のマー・ジーシアン(馬志翔)。もう一人のプロデューサーは、前2作と同じく台湾映画界を牽引する、国際派のジミー・ファン(黃志明)と、この強力なトリオがヒット作を作り出した。

台湾最大の映画賞＜金馬奨＞
日本人初の主演男優賞はじめ作品賞他主要6部門ノミネート／観客賞・国際批評家連盟賞 受賞
台湾最大にして世界でも歴史ある映画賞のひとつ＜金馬奨＞で、本作は主要6部門（主演男優賞、新人賞、最優秀作品賞、新人監督賞、衣裳デザイン賞、オリジナル楽曲賞）にノミネート。51年の歴史で初の日本人俳優として＜主演男優賞＞に永瀬正敏がノミネートされ話題となった。

【キャスト】
永瀬正敏 坂井真紀 ツァオ・ヨウニン／大沢たかお
【スタッフ】
製作総指揮：ウェイ・ダーション
監督：マー・ジーシアン
脚本：ウェイ・ダーション　チャン・チャウェイ
プロデューサー：ウェイ・ダーション ジミー・ファン
音楽：佐藤直紀
制作会社：果子電影有限公司（ARS Film Production）
総顧問：蔡武璋
栄誉顧問：王貞治　郭源治
脚本顧問：林海象
主題歌：「風になって～勇者的浪漫～」
Rake　中孝介　ファン・イーチェン　スミン　ルオ・メイリン（EPICレコードジャパン）

STORY
日本統治時代の台湾。
かつて中等学校野球の名門・松山商業を監督として率いた、近藤兵太郎（永瀬正敏）は、台湾南部の嘉義の学校で簿記を教えていた。地元の嘉義農林学校から野球の指導を乞われていたものの、過去の出来事から頑なに拒否していた近藤だが、ある日偶然、野球部の練習を目にし、抑えていた野球への情熱が再燃、自らの過去と向き合い、監督を引き受ける。
近藤は、鬼監督と呼ばれながらも「甲子園出場」を目標に掲げ、打撃力のある台湾人（漢人）※注1、俊足の台湾原住民※注2、守備に長けている日本人と、3民族のそれぞれの強みを生かし、選手達を分け隔てなく独自の方法で特訓した。近藤の猛特訓によりチームの絆は深まり、実力をつけ、遂に嘉農野球部＜KANO＞は全島大会に臨んだ。
そして、台湾予選大会決勝戦で、日本人のみの常勝チームであった台北商業を打ち負かし、南部の学校として初めて優勝を果たす。優勝旗を誇らしげに掲げ嘉義へと戻ってきた彼らを待っていたのは、市民を挙げての大祝賀パレードと、水利技術者の八田興一（大沢たかお）が長い年月をかけて完成させた嘉南大圳の烏山頭ダムから流れ出る水が田畑を潤す光景だった。
1931年夏。ついに甲子園への切符を手にした嘉義野球部＜KANO＞は、台湾の代表チームとして日本内地へと赴く。甲子園では全く無名の嘉農野球部＜KANO＞は次々と強豪を破り、ダークホースの台頭にマスコミや観衆も一躍注目する。試合が進むごとに、エースピッチャー呉（アキラ）の気持ちの入った投球、1球たりとも諦めない選手たちの感動的なプレイに人々は熱狂、嘉農野球部＜KANO＞は大観衆の心を掴む。
そしてたどり着いた決勝戦の当日、ピッチャー呉の投球に異変が…。
※注1：中国大陸から移住した漢民族の子孫
※注2：台湾の先住民の正式な呼称

■タイトル
KANO ～1931 海の向こうの甲子園～ DVD
■価格
¥3000＋税
DVD発売中
■発売・販売元
アニプレックス

KANO～1931 海の向こうの甲子園～
公式サイト http://kano1931.com/

Time for Taiwan
思い立ったが台湾吉日

豊かな自然、あたたかい笑顔、
好奇心も、お腹も満たされる。
新たな発見と感動に出会える
距離も心も近い台湾へ
今すぐ旅立ちませんか。

基本情報

 ### 地勢・気候

正式名称 ▶ 中華民国／Republic of China
総面積 ▶ 約3万6000km²（日本の九州ほどの広さ）
地形 ▶ 台湾島の西部は平野、中央部と東部は山地で、南北を縦走する5つの山脈には標高3000m級の山々も
気候 ▶ 亜熱帯気候（北部）、熱帯気候（南部）

 ### 民族・言語

人口 ▶ 約2,346万人
民族 ▶ 16民族・約49万人の先住民族と、人口の約98%を占める漢民族が共存
公用語 ▶ 北京語
その他の言語 ▶ 台湾語（閩南語）、客家語、先住民族固有の言語

 ### 通貨・両替

通貨 ▶ NT＄（ニュータイワンドル。元などで表記）
為替レート ▶ 1NT＄=約3.7円（2015年10月現在）
両替 ▶ 現地の空港、銀行、ホテルなど

 ### 時差

時差 ▶ 日本−1時間（日本が正午なら、台湾は午前11時）

 ### 主な祝祭日

1月1日 ▶ 中華民国開国記念日
1月下旬～2月下旬（旧暦1月1日）▶ 春節（旧正月）
2月28日 ▶ 228和平記念日
4月5日 ▶ 清明節
6月上旬～下旬（旧暦5月5日）▶ 端午節
9月上旬～10月上旬（旧暦8月15日）▶ 中秋節
10月10日 ▶ 双十国慶節

※台湾では、1911年を元年とする中華民国暦も使われています。西暦2015=民国104年。購入した食品の賞味期限が中華民国暦で表示されている場合もあるので、注意しましょう。

 ### その他

国際電話 ▶ 国際電話識別番号002＋日本の国番号81＋市街局番（0をとる）＋相手の番号（台湾から日本へかける場合）
インターネット ▶ Wi-Fi環境が整っていて、主要なホテルやMRT（地下鉄）の駅構内、その他コーヒーショップなどで利用可能。有料・無料あり
飲料水 ▶ 水道水はそのまま飲用せず、ミネラルウォーターを飲用しましょう
電圧 ▶ 110V／60Hz（一般的な日本の電化製品はそのまま使用できますが精密機械は変圧アダプターを使用）
プラグ ▶ 日本と同じ2極式
服装 ▶ 1年を通じて温暖。冬は寒い日もあるので調節可能な合服がおすすめ。夏は冷房対策の上着があるとベター
医療事情 ▶ 水準が高く安心。日本語が通じる病院も多数あります

Taiwan
THE HEART OF ASIA

台湾観光局／台湾観光協会　http://jp.taiwan.net.tw

東京事務所　〒105-0003 東京都港区新橋1-5-8 川手ビル3階
　　　　　　TEL (03) 3501-3591　FAX (03) 3501-3586
大阪事務所　〒530-0047 大阪府大阪市北区西天満4-14-3 リゾートトラスト御堂筋ビル6階
　　　　　　TEL (06) 6316-7491　FAX (06) 6316-7398
中部連絡所　〒460-0002 愛知県名古屋市中区丸の内3-19-14 林敬ビル4階
　　　　　　TEL (052) 684-8188　FAX (052) 684-8189

 台湾観光局　　 台湾観光協会

韓国プロ野球観戦ガイド&選手名鑑

2004年から毎年発行！
2016年版は2016年4月中旬発売！

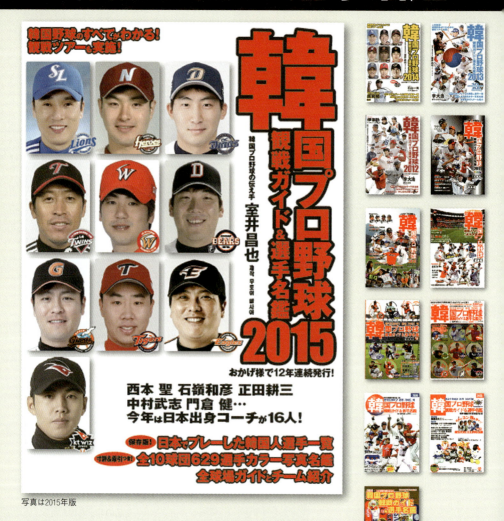

写真は2015年版

編著者／室井昌也（韓国プロ野球の伝え手）
発行所／論創社

読者プレゼント

読者のみなさんにプレゼントをご用意しました。
たくさんのご応募お待ちしております。

1 郭泰源台湾代表監督
直筆サイン色紙 （1名）

2 CPBL
「BASEBALL IS LIFE」キャップ （1名）

3 CPBL
「BASEBALL IS LIFE」ボール （1名）

4 CPBL発行
「職業棒球」 （5名）

5 WBSC世界野球プレミア12
公式プログラム （3名）

応募方法：本書に挟まれたはがきに、アンケートのご回答とご意見・ご感想、希望プレゼント番号を記入してお送りください。

締切：2016年4月30日（当日消印有効）

当選者発表：抽選の上、商品の発送をもって発表にかえさせていただきます（個人情報の取扱いについては、読者はがきをご覧ください）。

編集
ストライク・ゾーン

執筆
駒田英
木本健治

室井昌也（ストライク・ゾーン）

写真
中華職業棒球大聯盟（CPBL）
ストライク・ゾーン

デザイン
田中宏幸（田中図案室）

協力
台湾観光局／台湾観光協会

出版協力 承認 データ提供
中華職業棒球大聯盟（CPBL）

Special Thanks
隅田伸治
劉東洋（中華職業棒球大聯盟）

http://www.cpbl.com.tw

台湾プロ野球〈CPBL〉観戦ガイド

2015年10月30日　初版第1刷印刷
2015年11月10日　初版第1刷発行

編著者　ストライク・ゾーン
発行者　森下紀夫
発行所　論創社
東京都千代田区神田神保町2-23　北井ビル
電話 03（3264）5254　振替口座00160-1-155266
印刷・製本　中央精版印刷
ISBN978-4-8460-1506-0　©2015 Strike-zone, printed in Japan
落丁・乱丁本はお取り替えいたします

本書の無断複写（コピー）は著作権法上の例外を除き禁じられ
ています。なお、複写など著作物の利用などのお問い合わせは
日本出版著作権協会（03-3812-9424）までお願いいたします。